租税回避をめぐる税務リスク対策

行為計算否認に備えた実務対応について

弁護士・公認会計士 入谷 淳 著

清文社

はしがき

　平成28年2月に、いわゆる行為計算否認規定の解釈に関する最高裁の判断が相次いで示された。すなわち、同月18日には、同族会社の行為計算否認規定の適用が問題となった、いわゆるIBM事件についての最高裁決定がなされ、同月29日には、組織再編成にかかる行為計算否認規定の適用が問題となった、いわゆるヤフー事件およびIDCF事件についての最高裁判決が下された。

　いわゆるIBM事件についての最高裁決定は、上告不受理の決定であり、平成27年3月25日付けの東京高裁の判決が確定したということになるが、行為計算否認規定の適用が問題となった事案に対する裁判所の判断として、これらの最高裁の判断、さらにはその前提となった下級審の判断については、今後の行為計算否認規定の適用について考える上で検討する価値がきわめて高いと考えられる。

　これらの最高裁判決およびその原審判決および第一審判決については、すでに学者および実務家から数多くの解説が加えられているが、これまでの検討については、どちらかというと、行為計算否認規定の適用要件に関する法令解釈に関する検討が中心であり、その検討も、行為計算否認規定の適用要件についてのやや抽象的な内容が多いように思われる。

　そこで、本書においては、上記の最高裁判決やその原審判決、第一審判決について、いわゆる不当性要件を中心とした適用の要件についての判示内容を紹介した上で、行為計算否認規定の適用の要件について実務的な観点からより具体的な検討を加えるとともに、できる限り実務に沿った形で行為計算否認規定の適用に備えた対応について検討を加えることとしたい。

　なお、近時、いわゆるBEPS（税源浸食と利益移転）プロジェクトとの関

連で、一般的租税回避否認規定の導入に関する議論も盛んに行われるようになってきているが、本書は、あくまで同族会社の行為計算否認規定(法人税法132条)および組織再編成にかかる行為計算否認規定(同132条の2)を中心とする現行法上規定された行為計算否認規定の適用について実務的な観点からの検討を行うものである。

また、行為計算否認規定の適用要件の中でも、実務上、最もその解釈が問題となる「不当性」の要件にスポットを当てて、実務的な観点で検討を行うものであり、行為計算否認規定にかかる他の適用要件やいわゆる引き直しの問題等については射程においていない。

ところで、平成28年12月8日に平成29年度税制改正大綱が公表され、その中で、新たに株式併合、全部取得条項付種類株式、株式等売渡請求が組織再編税制の対象とされるなど、組織再編税制に関して大きな改正が行われることが明らかにされている。

この税制改正に伴い、法人税法132条の2についても、その適用の対象となる組織再編成の種類が増えるなどの改正が行われることが予想されるが、本書において主に検討の対象としている「法人税の負担を不当に減少させる結果となる」との文言に修正がなされることはないと想定され、平成29年度税制改正によって本書の記載内容に大幅な修正が必要となることは想定していない。

しかしながら、適格組織再編成に該当するための要件の改正の影響により、本書の記載が平成29年度税制改正の適用後は当てはまらないような場合が生じる可能性があることについては、ご留意いただきたい。

本書は、あくまで実務の上で有用であることを旨としていることから、厳密で体系的・論理的な法解釈とはなっていない点も多々あると思われるが、実務的な観点および実務的な対応についてのわかりやすさを優先したいとの筆者の思いに免じて、その点はどうぞご容赦願いたい。

本書の内容のうち、意見にわたる部分については、すべて筆者のまったく個人的な見解を記載したものに過ぎず、筆者が過去あるいは現在において所属するいかなる組織の見解を示すものではないことにご留意願いたい。

平成29年1月

入谷 淳

はしがき

第1編 行為計算否認規定の適用の要件

第1章 はじめに ……………………………………………………… 3
第2章 ヤフー・IDCF 事件について示された不当性要件の解釈 …… 9
第1節 ヤフー・IDCF 事件にかかる事案の概要 …………………… 10
1. 前提事実 10
2. 組織再編成にかかる提案 10
3. A 氏による IDCS 取締役副社長就任 11
4. 新設分割 11
5. IDCF 株式の譲渡 11
6. IDCS 株式の譲渡 11
7. ヤフーによる IDCS の合併 11
8. 繰越欠損金の引継ぎ 12
9. 資産調整勘定の計上 12
10. 更正処分等 12
11. 概要図 13

第2節 ヤフー・IDCF 事件第一審判決において示された不当性要件についての解釈 ……………………………………… 15
1. 不当性要件の意義 15
2. 納税者（ヤフー）の主張に対する反論 16

第3節 ヤフー事件第一審判決における不当性要件へのあてはめ …… 20
1. 特定役員引継要件の趣旨 20

２　特定役員引継要件にかかる法人税法132条の2の適用　20
　　３　ヤフー事件における具体的なあてはめ　22
第4節　IDCF事件第一審判決における不当性要件へのあてはめ　24
　　１　完全支配関係継続見込要件について　24
　　２　IDCF事件における具体的なあてはめ　25
第5節　ヤフー・IDCF事件控訴審判決において示された
　　　　不当性要件についての解釈　28
　　１　ヤフー事件控訴審判決における「不当性要件」の解釈　28
　　２　IDCF事件控訴審判決における「不当性要件」の解釈　28
　　３　ヤフー・IDCF事件控訴審判決における不当性要件の解釈　29
第6節　ヤフー事件控訴審判決における不当性要件へのあてはめ　31
　　１　特定役員引継要件について　31
　　２　特定役員引継要件にかかる法人税法132条の2の適用　32
　　３　具体的なあてはめ　32
第7節　IDCF事件控訴審判決における不当性要件へのあてはめ　35
　　１　完全支配関係継続見込要件について　35
　　２　具体的なあてはめ　35
第8節　ヤフー・IDCF事件最高裁判決において示された
　　　　不当性要件についての解釈　37
　　１　ヤフー・IDCF事件最高裁判決における不当性要件についての判示　37
　　２　ヤフー・IDCF事件最高裁判決が判示する組織再編税制の
　　　　基本的な考え方　38
第9節　ヤフー・IDCF事件最高裁判決におけるあてはめ　40
　　１　ヤフー事件最高裁判決のあてはめ　40
　　２　IDCF事件最高裁判決のあてはめ　41
第10節　ヤフー・IDCF事件において裁判所により示された
　　　　不当性要件の意義についての考察　43

1 ヤフー・IDCF事件控訴審判決について　43
2 ヤフー・IDCF事件控訴審判決による不当性要件の解釈への疑問　44
3 ヤフー・IDCF事件最高裁判決における不当性要件の解釈について　47

第3章　IBM事件において裁判所によって示された不当性要件の解釈　51

第1節　IBM事件にかかる事案の概要　52
1 前提事実　52
2 日本再編プロジェクト　52
3 IBMAPによる日本IBM株式の取得　53
4 日本IBMによる自己株式の取得　53
5 課税関係　53
6 IBMAPの連結確定申告等　54
7 課税当局による否認　55
8 概要図　55

第2節　IBM事件第一審判決において示された不当性要件についての解釈　57
1 不当性要件の意義　57
2 具体的なあてはめ　58

第3節　IBM事件控訴審判決において示された不当性要件についての解釈　64
1 IBM事件控訴審における課税当局の主張　64
2 IBM事件控訴審判決における「不当性要件」の解釈　65
3 具体的なあてはめ　66

第4節　IBM事件最高裁決定　71

第5節　IBM事件控訴審判決において示された法人税法132条1項の不当性要件の解釈についての考察　72

第2編 「不当性要件」についての実務的な観点からの検討

第1章 ヤフー・IDCF事件最高裁判決が理解する事件の構図 ……77
- **1** ヤフー事件最高裁判決が理解する事件の構図　78
- **2** IDCF事件最高裁判決が理解する事件の構図　78
- **3** 税負担軽減目的の組織再編成　79
- **4** 課税当局の主張するヤフー・IDCF事件の構図　80
- **5** 実務上のポイント　82

第2章 ヤフー・IDCF事件最高裁判決から読み取る濫用基準の実務上のポイント ……83
- **1** 濫用基準についての考え方　84
- **2** 実務上問題となる場合　86
- **3** 組織再編成にかかる行為・計算が不自然な場合　87
- **4** ヤフー・IDCF事件の事例について　90
- **5** ヤフー・IDCF事件の事例から導かれる実務的な視点　92

第3章 ヤフー・IDCF事件控訴審判決についての実務的な検討 ……95
第1節 ヤフー・IDCF事件控訴審判決による不当性要件への疑問 ……96
第2節 ヤフー・IDCF事件控訴審判決の判示についての実務的な視点 ……98
- **1** 納税者側の主張　98
- **2** ヤフー・IDCF事件控訴審判決について　99
- **3** 事業目的がないことの立証上の困難性　101
- **4** ヤフー・IDCF事件最高裁判決について　108

第4章 IBM事件についての検討──課税当局の見方 ……111
第1節 IBM事件第一審における課税当局の主張について ……112

第2節　IBM事件第一審における課税当局側の主張のポイント ……114

第3節　IBM事件第一審における納税者側の主張と課税当局の反論 ……118

第4節　IBM事件第一審判決における認定 ……120

第5節　IBM事件控訴審における課税当局の考え方 ……124

　1　IBM事件控訴審において課税当局が主張を変更した理由について　124

　2　IBM事件控訴審における課税当局の主張　128

　3　税負担軽減の目的について　131

第6節　IBM事件控訴審判決が判示する独立当事者間の通常の取引と異なる場合 ……134

　1　課税当局の主張　134

　2　IBM事件控訴審判決の判断　135

　3　検討　137

　4　独立当事者間の取引とは異なる場合についてのまとめ　140

第7節　補足 ……142

第5章　ヤフー・IDCF事件、IBM事件を受けての実務上のポイントのまとめ ……145

第6章　包括的否認規定の適用が問題となった他の事例について ……147

第1節　パチンコチェーンの組織再編成事案 ……148

　1　はじめに　148

　2　スキームの概要　149

　3　不当性要件の該当性　152

　4　実務的なポイント──節税スキーム　155

　5　実務的なポイント──事業目的について　156

　6　その他　160

第2節　組織再編成を利用した欠損金取込み事案 ……161

　1　はじめに　161

2 事案の概要　162

3 不当性要件について　164

4 実務的なポイント——経済的・実質的な変更がないこと　168

5 実務上のポイント——繰越欠損金の利用　169

6 その他　170

第3節　過大利子支払の事案（デット・プッシュダウン）　172

1 はじめに　172

2 事案の概要　173

3 法人税法132条の2の適用について　177

4 法人税法132条の適用について　179

5 法人税法132条の適用について——課税当局の視点　180

6 法人税法132条の適用について——一連の行為の経済的合理性　183

7 法人税法132条の射程について　185

8 実務上のポイント　188

9 その他　188

第3編　行為計算否認規定の適用に関するQ&A

第1章　法人税法132条の2の適用を念頭に置いた組織再編成に関するQ&A　193

Q1 法人税法132条の2の適用を避けるポイント　194

Q2 スキームとして認定されるケースについて　196

1 パッケージ型　196

2 税負担軽減目的の組織再編成　197

Q3 税負担軽減のための行為・計算　199

Q4 未処理欠損金の取込みについて　201

Q5 5年経過後の未処理欠損金取込み　207

1 (1)の場合　207

　　2 (2)の場合　210

　Q6　適格要件を満たすための行為　214

　　1 (1)の行為　214

　　2 (2)の行為　218

　Q7　適格組織再編成の要件をわずかに欠くケース　223

　　1 (1)の事例　224

　　2 (2)のケース　230

　Q8　組織再編成手法の選択　234

　Q9　法人税法132条の2の適用を念頭に置いた税務調査について①　238

　Q10　法人税法132条の2の適用を念頭に置いた税務調査について②　243

第2章　法人税法132条の適用に関するQ&A　249

　Q11　法人税法132条の適用を避けるポイント　250

　Q12　独立当事者間の通常の取引と異なる場合について　253

　Q13　法人税法132条の今後の射程　258

第3章　その他のQ&A　265

　Q14　連結法人に係る行為計算否認規定について　266

　Q15　恒久的施設帰属所得に係る行為計算否認規定　272

　Q16　行為計算否認規定の今後　276

索　引　279

第1編
行為計算否認規定の適用の要件

　第1編では、いわゆるヤフー事件、IDCF事件およびIBM事件において、法人税法132条および法人税法132条の2に規定された「法人税の負担を不当に減少させる結果となる」との行為計算否認規定の適用要件を中心に、裁判所が示した判断および具体的な事案へのあてはめについて紹介する。いわゆるヤフー・IDCF事件については、第一審および高裁判決で示された判断と最高裁の示した判断の相違点に触れ、また、IBM事件については、高裁判決で示された解釈とこれまで有力とされてきた学説との相違点についても検討を試みることとする。

はじめに

　第1編第1章では、本編で採り上げる裁判例について、まずはその概要を紹介する。

平成28年2月に、法人税法132条および同132条の2の適用の可否が問題となった事案に対する最高裁判所(以下「最高裁」という)の判断が相次いで出された。

　まず、平成28年2月18日、最高裁は、日本アイ・ビー・エム株式会社[1](以下「日本IBM」という)が行った自己株式の買取りにより、その親会社である有限会社アイ・ビー・エム・エイ・ピー・ホールディングス(以下「IBMAP」という)に、みなし配当の額に相当する譲渡損失が発生し、繰越欠損金として計上された後、連結納税制度の適用後に当該繰越欠損金が損金に算入されたことについて、法人税法132条1項に基づく否認の可否が問題となった事件(以下「IBM事件」という)について、課税当局側の上告受理申立てを不受理とし(以下「IBM事件最高裁決定」という)、法人税法132条1項の適用を否定した原審(東京高判平成27年3月25日訟月61巻11号1995頁、以下「IBM事件控訴審判決」という)が確定した。

　また、同月29日、最高裁第一小法廷は、ヤフー株式会社(以下「ヤフー」という)が、100％子会社であるソフトバンクIDCソリューションズ株式会社(以下「IDCS」という)を吸収合併した際、IDCSから引き継いだ繰越欠損金の損金算入について、法人税法132条の2を適用してこれを否認する課税当局の更正処分(以下、当該更正処分に係る事案を「ヤフー事件」という)を適法とした原審(東京高判平成26年11月5日訟月60巻9号1967頁。以下「ヤフー事件控訴審判決」という)に対してなされたヤフー側の上告を棄却する判決(最判平成28年2月29日裁判所時報1646号5頁。以下「ヤフー事件最高裁判決」という)を下した。また、同日、最高裁第二小法廷は、IDCSの新設分割によって設立された株式会社IDCフロンティア(以下「IDCF」という)が、当該新設分割が非適格分割に該当するとして計上した資産調整勘定の償却により

---

[1] 当事者の名称については、いずれも、原則として、問題となっている取引がなされた当時のものであり、その後、社名変更等がなされている場合もあり得る。

損金を計上したことについて、法人税法132条の2を適用してこれを否認する課税当局の更正処分(以下、当該更正処分に係る事案を「IDCF事件」という)を適法とした原審(東京高判平成27年1月15日裁判所ウェブサイト。以下「IDCF事件控訴審判決」という))に対してなされたIDCF側の上告を棄却する判決(最判平成28年2月29日裁判所時報1646号9頁。以下「IDCF事件最高裁判決」という)を下した。

　IBM事件最高裁決定については、IBM事件控訴審判決が、法人税法132条1項の「法人税の負担を不当に減少させる結果となる」との要件(以下「不当性要件」という)について、従来の裁判例において示された解釈や学説上の多数説と考えられる解釈よりも、より緩やかに不当減少要件への該当性を認めるものと思われる解釈を示したものとして、最高裁の判断が注目を集めていた。IBM事件最高裁決定が課税当局の上告を不受理とした結果、IBM事件控訴審判決が確定することとなったため、法人税法132条における不当性要件について、IBM事件控訴審判決において示された解釈をどのように理解すべきかが問題となっている。また、IBM事件最高裁決定のわずか11日後に下されたヤフー事件最高裁判決およびIDCF事件最高裁判決において示された法人税法132条の2における不当性要件についての解釈と、IBM事件控訴審判決において示された法人税法132条の不当性要件の解釈との関係についても検討を要するであろう。

　ヤフー事件最高裁判決およびIDCF事件最高裁判決は、法人税法132条の2の不当性要件の解釈について、ほぼ同一内容の判断を示しており、組織再編成にかかる行為計算否認規定である法人税法132条の2の適用要件である不当性要件について最高裁が初めて判断を示したものであり、最高裁判例として今後の実務における指針となるものである。

　第1編においては、ヤフー事件およびIDCF事件について示された組織再編成に係る行為計算否認規定である法人税法132条の2の不当性要件の解釈についての裁判所の判断、IBM事件について示された同族会社の行為

計算否認規定である法人税法132条の不当性要件の解釈についての裁判所の判断を紹介し、今後の実務における指針となるべき司法判断がどのようなものであったのかについて述べることとする。

　なお、ここで、本書において使用する用語について1点だけ述べておきたい。本書においては、可能な限り「租税回避」という用語は使用しないこととしたい。というのも、「租税回避」という言葉の意味については、必ずしも明確な定義があるとはいえず、論者によって、あるいは、文脈によって異なった意味で使われているように思われるからであり、適切な定義なく用いることは混乱を招く可能性があると考えるからである。有力な学説上、租税回避については「私法上の選択可能性を利用し、私的経済取引プロパーの見地からは合理的理由がないのに、通常用いられない法形式を選択することによって、結果的には意図した経済的目的ないし経済的効果を実現しながら、通常用いられる法形式に対応する課税要件の充足を免れ、もって税負担を減少させあるいは排除すること」と定義している[2]が、このような定義では、特に経済的目的や経済的効果を意図することなく、形式的に課税減免規定を充足させることによって税負担の軽減を図るスキームとしての税負担軽減策は含まれないと考えられるし、もっぱら私法上の選択可能性に焦点が当たっているという点でもその対象は限定的なものであるかのように解され、必ずしも私法上の選択可能性を利用したとはいえない場合でも、行為計算否認規定の対象となるケースはあり得るように考えられる。さらに、上記のような定義では、行為計算否認規定との関係では、租税回避に該当すれば、行為計算否認規定における「税の負担を不当に減少させる結果となると認められる」との要件を充足することになるのか、という点も必ずしも明確とはいえない。

　したがって、本書においては、裁判例や文献の引用において用いる場合

---

[2] 金子宏『租税法(第21版)』(弘文堂、2016年) 125頁

を除き、極力「租税回避」という用語は用いないこととしたい。そして、本書においては、「租税回避」という用語に代えて、「法人税の負担を減少させる」あるいは「税負担軽減を目的とする行為」など、より一般的な意味の言葉を使うこととする。このような一般的な用語については、いわゆる節税も含まれることとなってしまうが、本書においては、租税法規が予定しているところに従って税負担の減少を図る行為としての節税は、検討の対象とはしておらず、本書において「法人税の負担を減少させる」あるいは「税負担軽減を目的とする行為」等の用語を用いている場合には、原則として租税法規が予定しているところに従って税負担の減少を図る行為という意味での節税行為は含まれないものと理解していただきたい。

第2章

ヤフー・IDCF事件について示された不当性要件の解釈

　第1編第2章では、まず、ヤフー事件およびIDCF事件における事案の概要を述べた上で、ヤフー事件の第一審判決（東京地判平成26年3月18日民集70巻2号331頁。以下「ヤフー事件第一審判決」という）、IDCF事件第一審判決（東京地判平成26年3月18日民集70巻2号552頁。以下「IDCF事件第一審判決」という）、ヤフー事件控訴審判決およびIDCF事件控訴審判決において示された不当性要件についての解釈を紹介した上で、ヤフー事件最高裁判決およびIDCF事件最高裁判決において示された不当性要件についての解釈について説明することとする。

第1節 ヤフー・IDCF事件にかかる事案の概要

　本節においては、ヤフー事件およびIDCF事件にかかる事実関係を中心とする事案の概要について述べることとする。なお、ヤフー事件とIDCF事件は相互に密接に関連しており、事実関係において共通する部分も多いことから、事案の概要についても両事件を合わせて述べることとする。なお、以下では、両事件を合わせて「ヤフー・IDCF事件」と呼ぶこととする。

1 前提事実

　ヤフーは、ソフトバンクが約42.1％、米国のYahoo! Inc.が約34.9％、それぞれその議決権を保有しており、ヤフー・IDCF事件当時は、A氏がヤフーの代表取締役社長を務めていた。

　IDCSは、平成17年2月、ソフトバンクの100％子会社となったものであるが、IDCSには平成14年3月期から平成18年3月期までに約666億円の欠損金が発生し、うち、平成14年3月期に発生した124億円については、平成21年3月末で繰り越しができなくなる状況にあった。

2 組織再編成にかかる提案

　平成20年10月27日、ソフトバンクから、ヤフーに対して、IDCS株式の譲渡等の提案がなされ、同年11月21日、改めて書面による提案がなされ、①IDCSから新会社（IDCF）を新設分割すること、②IDCSがヤフーに対して新会社（IDCF）の株式を譲渡すること、③ソフトバンクがヤフーに対し

てIDCSの株式を700億円で譲渡すること、④ヤフーがIDCSを合併することなどの組織再編成にかかる手順が示された(以下「本件提案」という)。

3 A氏によるIDCS取締役副社長就任

平成20年11月27日、ソフトバンク代表取締役社長S氏は、A氏に対し、IDCSの取締役副社長に就任するように依頼し、A氏はこれを了解した。A氏は、同年12月26日、IDCSの取締役副社長に選任された(以下「本件副社長就任」という)。

4 新設分割

IDCSは、平成21年2月2日、新設分割により、IDCFを設立した(以下「本件分割」という)。

5 IDCF株式の譲渡

IDCSは、平成21年2月19日、ヤフーに対してIDCFの発行済株式全部を115億円で譲渡する旨の株式譲渡契約を締結し、同月20日、譲渡代金の支払を受けるのと引換えに、IDCF株式を譲渡した(以下「IDCF株式譲渡」という)。

6 IDCS株式の譲渡

ソフトバンクは、ヤフーとの間で平成21年2月23日、ヤフーに対してIDCSの発行済株式全部を450億円で譲渡する旨の株式譲渡契約を締結し、同月24日、譲渡代金の支払を受けるのと引換えに、IDCSの発行済株式全部を譲渡した(以下「IDCS株式譲渡」という)。

7 ヤフーによるIDCSの合併

ヤフーは、平成21年2月25日、ヤフーを存続会社、IDCSを消滅会社とす

る合併契約を締結し、同年3月30日にその合併の効力が生じた(以下「本件合併」という)。本件合併に伴い、A氏以外のIDCSの取締役は全員退任した。

8 繰越欠損金の引継ぎ

ヤフーは、合併法人であるヤフーの代表取締役であるA氏が被合併法人の取締役副社長に就任していたため、特定役員引継要件(法人税法施行令112条7項5号[3])を満たし、かつ、事業の相互関連性要件(同項1号)も満たすとして、法人税法57条2項の規定に基づき、IDCSの未処理欠損金をヤフーの欠損金額とみなし、損金の額に算入した。

9 資産調整勘定の計上

IDCFは、本件分割当時、ヤフーがIDCF株式を取得することが見込まれており、本件分割後に法人税法施行令4条の2・6項に規定する当事者間の完全支配関係が継続することが見込まれておらず、本件分割が非適格分割に該当するなどとして、本件分割に係る対価の額と本件分割によりIDCFが移転を受けた資産および負債の時価純資産額の差額約100億円を法人税法62条の8・1項に規定する資産調整勘定の金額(以下「本件資産調整勘定の金額」という)とした。IDCFは、平成21年3月期、同22年3月期、同23年3月期、同24年3月期において、それぞれ本件資産調整勘定の金額のうち、各事業年度に対応する金額を減額し、同額を損金の額に算入した。

10 更正処分等

課税当局は、平成22年6月29日付けで、ヤフーの平成20年4月1日から

---

3 本書において言及する法令については、特段の記載がない限り、問題となっている取引がなされた当時のものを指す。以下同じ。なお、具体的な事件への適用を前提としないで法令に言及する場合については、本書執筆時点(平成28年)の法令を指す。

同21年3月31日までの事業年度の法人税について、IDCS株式譲渡、本件合併およびこれらの実現に向けられた一連の行為(ヤフーがその代表取締役であるA氏をIDCSの取締役副社長に就任させた行為を含む)は、特定役員引継要件を形式的に満たし、IDCSの未処理欠損金額をヤフーの欠損金額とみなして損金の額に算入することを目的とした異常ないし変則的なものであり、その行為または計算を容認した場合には、法人税の負担を不当に減少させる結果になると認められるとして、法人税法132条の2により、IDCSから引き継いだ欠損金としてヤフーが損金の額に算入した約542億円について損金の額に算入されないものとする更正処分をした。

　さらに、課税当局は、IDCFについて、平成21年3月期および平成22年3月期の法人税については平成23年3月15日付けで、平成23年3月期の法人税については平成24年1月27日付けで、平成24年3月期の法人税については平成24年12月21日付けで、それぞれ、本件分割により本件資産調整勘定の金額を生じさせたことは、法人税法施行令4条の2・6項1号に規定する要件を形式的に満たさないこととすることにより本件分割を非適格分割とした上で、IDCFに資産調整勘定を生じさせてこれを減額して損金に算入することを目的とした異常ないし変則的なものであり、これを容認した場合にはIDCFの法人税の負担を不当に減少させる結果になると認められるとして、法人税法132条の2により、IDCFが損金に算入した本件資産調整勘定の金額にかかる「資産調整勘定取崩」は損金の額に算入されないものとする各更正処分をした。

11 概要図

　ヤフー・IDCF事件に関する事案の概要を図示すると、**図表1**のとおりとなる。

図表1　ヤフー・IDCF事件概要図

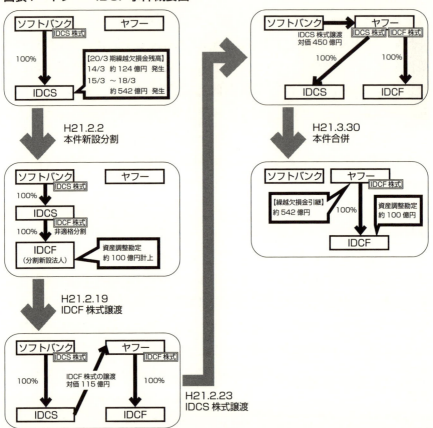

ヤフー・IDCF事件第一審判決において示された不当性要件についての解釈

本節においては、ヤフー事件第一審判決およびIDCF事件第一審判決(以下「ヤフー・IDCF事件第一審判決」という)において示された不当性要件の解釈について述べることとする。なお、組織再編成にかかる行為計算否認規定である法人税法132条の２における不当性要件の意義について、ヤフー・IDCF事件第一審判決は、同一の解釈を示しており、本節においては、両判決において示された、組織再編成に係る行為計算否認規定である法人税法132条の２の不当性要件の解釈について述べた上で、ヤフー事件・IDCF事件それぞれの具体的な不当性要件へのあてはめについて述べることとする。

1 不当性要件の意義

いかなる場合に、法人税法132条の２に規定された「法人税の負担を不当に減少させる結果となると認められる」かについて、ヤフー・IDCF事件第一審判決は、以下のとおり判示した。

まず、ヤフー・IDCF事件第一審判決は、法人税法「132条の２は、組織再編税制の導入と共に設けられた個別否認規定と併せて新たに設けられた包括的否認規定である」とし、組織再編税制において包括的否認規定が設けられた趣旨は、「組織再編成の形態や方法は複雑かつ多様であり、ある経済的効果を発生させる組織再編成の方法は単一ではなく、同じ経済的効果を発生させ得る複数の方法があり、これに対して異なる課税を行うこと

とすれば、租税回避の温床を作りかねないという点などにある」とする。また、組織再編税制の特性および個別規定の性格について「組織再編税制に係る個別規定は、特定の行為や事実の存否を要件として課税上の効果を定めているものであるところ、立法時において、複雑かつ多様な組織再編成に係るあらゆる行為や事実の組み合わせを全て想定した上でこれに対処することは、事柄の性質上、困難があり、個別規定の中には、その想定外の行為や事実がある場合において、当該個別規定のとおりに課税上の効果を生じさせることが明らかに不当であるという状況が生じる可能性があるものが含まれているということができる」とする。

その上で、ヤフー・IDCF事件第一審判決は、上記の法人税法132条の2が設けられた趣旨および組織再編成の特性、個別規定の性格などに照らし、不当性要件について、「(ⅰ)(法人税)法132条と同様に、取引が経済的取引として不合理・不自然である場合」のほか、「(ⅱ)組織再編成に係る行為の一部が、組織再編成に係る個別規定の要件を形式的には充足し、当該行為を含む一連の組織再編成に係る税負担を減少させる効果を有するものの、当該効果を容認することが組織再編税制の趣旨・目的又は当該個別規定の趣旨・目的に反することが明らかであるものを含む」との解釈を示した。その上で、不当性要件と事業目的の有無との関連に言及し、「組織再編成を構成する個々の行為について個別にみると事業目的がないとはいえないような場合であっても、当該行為又は事実に個別規定を形式的に適用したときにもたらされる税負担減少効果が、組織再編成全体としてみた場合に、組織再編税制の趣旨・目的に明らかに反し、又は個々の行為を規律する個別規定の趣旨・目的に明らかに反するときは、上記(ⅱ)に該当するものというべきこととなる」とした。

2 納税者（ヤフー）の主張に対する反論

納税者側は、不当性要件について、法人税法132条と同様に、「私的経済

取引として異常又は変則的で、かつ、租税回避以外に正当な理由ないし事業目的が存在しないと認められる場合に限られる」とし、その理由として、「①法132条の枝番として132条の２が規定され、両者の規定ぶりが酷似し、否認の要件の文言も同様であることなどから、両者を別に解すべき理由はないこと、②租税回避の概念は、私法上の選択可能性を利用し、私的経済取引として合理性がないのに、通常用いられない法形式を選択するものとして定義されており、法の定める課税要件自体を修正するものは含まれず、法制度の濫用はこれとは別の概念であるというべきこと、③上記(ⅱ)を含めるという解釈は、個別規定の要件を実質的に拡張して適用するものであり、納税者の予測可能性を著しく害し、租税法律主義に反する」の３点を指摘した。

　それに対し、ヤフー・IDCF事件第一審判決は、「法132条の２により対処することが予定されている第１の類型は、繰越欠損金等を利用する組織再編成における租税回避行為であるところ、そもそも、繰越欠損金自体には資産性はなく、それが企業間の合併で取引の対象となり得るのは、租税法がその引継ぎを認めることの反射的な効果にすぎないのであり、企業グループ内における繰越欠損金の取引を含む組織再編成それ自体についていかに正当な理由や事業目的があったとしても、法57条３項が定める要件を満たさないのであれば、未処理欠損金額の引継ぎは認められない。したがって、上記の類型（繰越欠損金を利用する組織再編成における租税回避の類型。括弧内は筆者）に属する租税回避の不当性の有無については、経済合理性の有無や事業目的の有無といった基準のみによって判断することはできず、『租税回避以外に正当な理由ないし事業目的が存在しないと認められる』か否かという基準は、それのみを唯一の判断基準とすることは適切ではない」として納税者側の主張を排斥した。

　そして、ヤフー・IDCF事件第一審判決は、納税者側が主張する基準を採るべき理由として挙げる①～③についても、それぞれ反論している。

まず、①の点については、「法132条は、同族会社においては、所有と経営が分離している会社の場合とは異なり、少数の株主のお手盛りによる税負担を減少させるような行為や計算を行うことが可能であり、また実際にもその例が多いことから、税負担の公平を維持するため、同族会社の経済的合理性を欠いた行為又は計算について、『不当に減少させる結果となると認められるもの』があるときは、これを否認することができるものであるとしたものであり、法132条の2とはその基本的な趣旨・目的を異にする」ことから、法132条における不当性要件と法132条の2における不当性要件を同義に解しなければならない理由はないとした。

　また、②の点については、「法132条の2により対処することが予定されている第2の類型は、複数の組織再編成を段階的に組み合わせることなどによる租税回避行為であるところ、組織再編成の形態や方法は、複雑かつ多様であり、同一の経済的効果をもたらす法形式が複数存在し得ることからすると、そもそも、ある経済的効果を発生させる組織再編成の方法として何が『通常用いられるべき』法形式であるのかを、経済合理性の有無や事業目的の有無という基準により決定することは困難であり、これらの基準は、上記の類型（複数の組織再編成を段階的に組み合わせることなどによる租税回避行為の類型。括弧内は筆者）に属する租税回避行為の判断基準として十分に機能しないものといわざるを得ない。他方、組織再編税制に係る個別規定は、特定の行為や事実の存否を要件として課税上の効果を定めているものであるところ、立法時において、複雑かつ多様な組織再編成に係るあらゆる行為や事実の組み合わせを全て想定した上でこれに対処することは、事柄の性質上、困難があり、想定外の行為や事実がある場合には、当該個別規定を形式的に適用して課税上の効果を生じさせることが明らかに不当であるという状況が生じる可能性がある」とした上、「組織再編成とそれに伴い生じ得る租税回避行為に係るこれらの特性に照らすと、同条の適用対象を、通常用いられない異常な法形式を選択した租税回避行為のみに

限定することは当を得ないというべきである」と判示した。

　さらに、③の点については、「一般に、法令において課税要件を定める場合には、その定めはなるべく一義的で明確でなければならず、このことが租税法律主義の一内容であるとされているところ、これは、私人の行う経済取引等に対して法的安定性と予測可能性を与えることを目的とするものと解される。もっとも、税法の分野においても、法の執行に際して具体的事情を考慮し、税負担の公平を図るため、何らかの不確定概念の下に課税要件該当性を判断する必要がある場合は否定できず」、「このような場合であっても、具体的な事実関係における課税要件該当性の判断につき納税者の予測可能性を害するものでなければ、租税法律主義に反するとまではいえないと解されるところである。しかるところ、法132条の2は」、「税負担減少効果を容認することが組織再編税制の趣旨・目的又は当該個別規定の趣旨・目的に反することが明らかであるものに限り租税回避行為に当たるとして否認できる旨の規定であると解釈すべきものであり、このような解釈は、納税者の予測可能性を害するものではないから、これをもって租税法律主義に反するとまではいえないというべきである」と判示した。

　なお、ヤフー・IDCF事件第一審判決は、法132条の2の「具体的な適用の在り方(すなわち、包括的否認規定の適用を行えるかどうか)は、当該事案において否認された行為を規律する個別規定の趣旨・目的に応じて定まるものであるというべきであり、当該個別規定の趣旨・目的の内容によっては、形式的な適用を貫くべき場合もあるということができる」と述べている。すなわち、個別規定によっては、その趣旨・目的に反するか否かを考慮することなく、形式的な該当性の有無に基づいて判断する場合もあり得るという考えを示している。

第3節 ヤフー事件第一審判決における不当性要件へのあてはめ

1 特定役員引継要件の趣旨

　ヤフー事件第一審判決は、企業グループ内の適格合併が、特定資本関係発生後5年以内に行われる場合の被合併法人の未処理欠損金の引継ぎが認められるための要件である「みなし共同事業要件」の1つである特定役員引継要件の趣旨について、「合併法人のみならず被合併法人の特定役員が合併後において特定役員に就任するのであれば、合併の前後を通じて移転資産に対する支配が継続していると評価することが可能であって、合併後も共同で事業が営まれているとみることができ、特定資本関係発生時から5年以内に行われる適格合併であっても、課税上の弊害が少ないということができることから、未処理欠損金額の引継ぎを認めることとしたもの」との解釈を示した。

2 特定役員引継要件にかかる法人税法132条の2の適用

　その上で、ヤフー事件第一審判決は、特定役員引継要件に関して、以下のような問題点ともいうべき点を指摘している。

① 特定役員引継要件は、単に、役員または特定役員への就任の有無およびその特定資本関係発生等との先後関係のみを問題とするにすぎないものであり、合併の前後を通じて移転資産に対する支配が継続しているか否かの指標として、常に十分にその機能を果たすものとまでは

言いがたい。
② 特定資本関係の発生後5年以内の合併等については、被合併法人の未処理欠損金を引き継ぐことは原則制限されているのに、単に特定役員引継要件さえ充足すればその制限を解除できるとすれば、具体的事情いかんによっては均衡を欠く場合も生じ得る。
③ 未処理欠損金の引継ぎが認められている共同で事業を営むための適格合併等の場合は、特定役員引継要件のほか、従業者に関する要件、事業の継続に関する要件などの充足が求められているのに、みなし共同事業要件においては特定役員引継要件のみで足りることとされ、具体的事情によっては均衡を欠く場合も生じ得ることからすると、特定役員引継要件を形式的に適用するだけでは、課税の公平を実現することができないおそれがある。
④ 立法担当者の講演録、税制調査会の構成員が帰属する財界団体の実務担当者の講演、税務関係雑誌において、特定役員引継要件については単にそれを形式的に満たすだけでは否認される可能性があることが明らかにされていた。

ヤフー事件第一審判決は、これらの点を考慮すると、特定役員引継要件については、それに形式的に該当する行為または事実がある場合であっても、それにより課税上の効果を生じさせることが明らかに不当であるという状況が生じる可能性があることを前提に規定されたものであり、組織再編成にかかる他の具体的な事情(例えば、①特定資本関係発生以前の時期における当該役員の任期、②当該役員の職務の内容、③合併後における当該役員以外の役員の去就、④合併後における事業の継続性や従業員の継続性の有無、⑤合併により引き継がれる事業自体の価値と未処理欠損金額の多寡、⑥被合併法人と合併法人の事業規模の違いなど)を総合考慮すると、合併の前後を通じて移転資産に対する支配が継続しているとはいえず、その趣旨・目的に明らかに反すると認められるときは、法人税法132条の2の規定に基づき、

特定役員への就任を否認できると判示した。

3 ヤフー事件における具体的なあてはめ

　ヤフー事件第一審判決は、以下のような事情を勘案すると、本件副社長就任による税負担減少効果を容認することは、特定役員引継要件が設けられた趣旨・目的に反することが明らかであり、また、未処理欠損期の引継ぎを制限する法人税法57条3項が設けられた趣旨・目的に反することが明らかであるとして、不当性要件を充足する旨判示した。

① 　A氏の副社長就任から特定資本関係の発生までの期間がわずか2か月ときわめて短いこと、A氏が副社長就任後、IDCSの従来の事業に固有の経営に関与していたとは評価できないこと、IDCSのA氏以外の役員が合併後、ヤフーの役員に就任する事業上の必要性はないと判断され、実際にも就任していないこと等から、合併の前後を通じて移転資産に対する支配が継続しているという状況があるとはいえず、特定役員引継要件が設けられた趣旨にまったく反する状態となっていることは明らかであること

② 　本件合併によりヤフーが承継したのは、本件分割後のIDCSであり、本件合併により本件分割前のIDCSの事業が事業として承継されたとみることは困難であること、IDCS株式譲渡の対価の約半分が、事業自体の価値とはいえない未処理欠損金額の価値であること、ヤフーとIDCSでは企業規模に大きな差があり、共同で事業を営むための適格合併等において求められる規模要件を満たしようもない状況にあることの諸点からすると、本件合併は、その実質において共同で事業を営むためのものといえず、単なる資産の売買にとどまるものと評価することが妥当であり、法人税法57条3項にいう「共同で事業を営むための適格合併等」としての性格がきわめて希薄であることが明らかなこと

③　本件提案は、IDCS の未処理欠損金額を余すことなく処理することを1つの目的にしたものであること、本件合併に当たり、未処理欠損金額の引継ぎが認められるかどうかについて明示的な検討が行われ、差入書が作成されて未処理欠損金額の引継ぎが認められない場合の対処方法が合意されていたことに照らすと、ヤフーとソフトバンクにおいて未処理欠損金額の引継ぎが認められない可能性が相当程度あることを認識していたということができること

第4節 IDCF事件第一審判決における不当性要件へのあてはめ

1 完全支配関係継続見込要件について

　IDCF事件第一審判決は、完全支配関係が継続することが見込まれるという要件（以下「完全支配関係継続見込要件」という）が充足される場合に適格合併として取り扱われることとされている趣旨について、完全支配関係継続見込要件が充足される場合には、「移転資産に対する支配」が継続していると評価することができ、適格合併として取り扱うことが妥当であるという考え方を基礎としているとの解釈を示した。

　その上で、IDCF事件第一審判決は、以下の点を勘案すると、完全支配関係継続見込要件が局所的にみると充足されない場合において包括的否認規定を適用することは排除されない趣旨のものと解するのが相当であり、組織再編成の組み合わせ方や組織再編成に係る他の具体的な事情を総合考慮すると分割を通じて「移転資産に対する支配」が継続しているということができ、完全支配関係継続見込要件を定めた規定（法人税法施行令4条の2・6項1号）の趣旨・目的に明らかに反すると認められるときは、法人税法132条の2の規定により、完全支配関係継続見込み要件が充足されないことの原因となっている行為または計算を否認することができると解すべきである旨判示した。

　① 組織再編成の形態や方法は複雑かつ多様であり、ある経済的効果を発生させる組織再編成の方法は単一ではなく、同じ経済的効果を発生

させる複数の方法があることに照らすと、局所的にみれば「当事者間の完全支配関係」の継続の見込みがないと判定される（すなわち、非適格分割とされる）事実関係があるとしても、当該分割を含む組織再編成の組み合わせ方や組織再編成に係る具体的な事情次第では、一連の組織再編成を全体としてみると「移転資産に対する支配」が継続していると評価すべき場合（すなわち、適格分割であるとすべき場合）が生じ得るのであり、このような場合にも局所的な判定を貫徹するとすれば、課税上の公平を実現することができないおそれがあること

② 立法担当者の講演録に、本来は適格組織再編成に該当するものを非適格組織再編成として移転資産等の譲渡損を計上するようなもの—適格外しと呼ばれるもの—についても、租税回避行為として否認されることがあり得る旨の記載があること等からすると、局所的に完全支配関係継続見込み要件の充足の有無を判定するだけでは、組織再編成の性格決定（適格か非適格か）が適切には行えないことがあり得ることが明らかにされていたこと

また、IDCF事件第一審判決は、完全支配関係継続見込要件が局所的に充足されない場合において、当該分割を非適格分割として認めるか否かを検討するに際して考慮すべき事情として、①一連の組織再編成を構成する行為全体により、移転資産に対する支配の状況がどのように変化することが予定されていたのか、②分割自体により、移転資産に対する支配の状況や事業の内容がどのように変更されることが予定され、そのことに十分な事業目的または事業上の必要性が認められるか、③完全支配継続見込み要件に該当する行為または事実につき、十分な事業目的または事業上の必要性が認められるか否かの各点を例示した。

2 IDCF事件における具体的なあてはめ

IDCF事件第一審判決は、主として、以下のような事情を考慮した上で、

分割後にIDCF株式譲渡を行うという計画(本件計画)を前提とした分割行為は、局所的にみれば完全支配関係継続見込要件を充足しないものではあるものの、それによりもたらされる税負担減少効果を容認することは、完全支配関係継続見込要件を定めた法人税法施行令4条の2・6項1号が設けられた趣旨・目的に反することが明らかであるということができると判示した。

① 本件分割の時点における爾後の組織再編成に係る計画の内容は、IDCFは本件分割の時点からIDCF株式譲渡の時点まではIDCSの完全子会社であり、IDCF株式譲渡の時点でヤフーの子会社になることによりIDCSとの間の「当事者間の完全支配関係」は一時的に切断されるが、その約1か月後である本件合併の時点からは、ヤフーがIDCSを吸収合併してIDCFを完全子会社とすることにより、ヤフーとの間で「当事者間の完全支配関係」が生ずることを予定するものであったということができ、この計画は、本件分割後にIDCF株式譲渡が行われることのみを取り出してみれば、「当事者間の完全支配関係」の継続の見込みがないとの判定がされるものの、「移転資産に対する支配」が継続しているか否かの指標とされる「当事者間の完全支配関係」が一時的に切断されるが短期間のうちに復活することが予定されているものであり、一連の組織再編成の計画を全体としてみると、IDCSの分割は、実質的にみて、分割会社による「移転資産に対する支配」が継続する内容のものであると評価すべき場合であることは明らかである。

② 本件提案は、一体的な事業をデータセンター設備を保有する会社とデータセンターの営業等を行う会社とに分割するというものであるところ、それ自体、IDCSとして事業上の必要性に疑問があるもので、ソフトバンクグループ全体で繰越欠損金を有効利用するという目的が優先されたものであったと評価することができる。

③ IDCSにとっても、ヤフーにとっても、データセンター設備を保有する会社の譲渡を行う数日前に、データセンターの営業等を行う会社の譲渡を行うことにつき、何らかの事業上の意義があるとは評価しがたいこと、ヤフーがIDCSに対してIDCF株式譲渡の対価として支払った115億円は、その後、ヤフーがIDCSを合併することでヤフーに戻ることとなっており、IDCF株式譲渡に係る独自の対価の支払いがあるとは評価できないことからすれば、IDCF株式譲渡を行うこと自体の事業上の必要性は極めて希薄であったことは明らかである。

④ 本件提案の目的の1つは、IDCSの未処理欠損金額を余すことなく処理することにあったこと、IDCS株式譲渡、本件合併に当たり、ソフトバンクとヤフーとの間では、税務上、本件分割後、IDCFにおいて資産調整勘定の計上ないし償却が認められるかどうかについて明示的な検討が行われ、差入書が作成されて資産調整勘定の計上ないし償却が認められない場合の対処方法が合意されていたことに照らすと、一連の組織再編成に関与する法人は、資産調整勘定の計上が認められない可能性が相当程度あることを認識していたということができる。

第5節 ヤフー・IDCF事件控訴審判決において示された不当性要件についての解釈

1 ヤフー事件控訴審判決における「不当性要件」の解釈

　ヤフー事件控訴審判決は、ヤフー事件第一審判決において示された不当性要件の意義について、その前提となる法人税法132条の2の趣旨・目的についてヤフー事件第一審判決の判示を補充しつつほぼ同旨を述べた上で、不当性要件の解釈については、ヤフー事件第一審判決において「不合理・不自然」としていた部分を「不自然・不合理」に差し替えた以外は、ヤフー事件第一審判決における判示をそのまま踏襲した。

　ヤフー事件控訴審判決は、問題となった組織再編成にかかる個別規定である特定役員引継要件(法人税法施行令112条7項5号等)の解釈についてヤフー事件第一審判決の内容を一部修正し、また、132条の2の具体的なあてはめ等についても、ヤフー事件第一審判決と異なる事実認定が一部行われているものの、不当性要件についての解釈については、上記のとおり、第一審判決における判示を踏襲したものである。

2 IDCF事件控訴審判決における「不当性要件」の解釈

　IDCF事件控訴審判決は、IDCF事件第一審判決において示された不当性要件の意義について、IDCF事件第一審判決の判示をほぼそのまま踏襲した。なお、納税者側の主張に対する反論について、IDCF事件第一審判決を一部補充している部分は認められる。すなわち、納税者側の不当性要件

について法人税法132条と法人税法132条の2を別に解すべき理由がないとの主張に対する反論として、「(法人税)法132条の2の条番号が枝番とされているのは、法132条の次に一条を加えるに当たり、法133条以下の規定の条番号の変更を避けるために採られた立法技術上の措置であって、それ自体は、法132条に定める否認の要件と法132条の2に定める否認の要件とを同一に解すべき根拠にはならず、また、法132条と法132条の2の条文表現に共通する部分があるとはいっても、『合併等により移転する資産及び負債の譲渡に係る利益の額の減少又は損失の額の増加、法人税の額から控除する金額の増加、第1号又は第2号に掲げる法人の株式(出資を含む。第2号において同じ。)の譲渡に係る利益の額の減少又は損失の額の増加、みなし配当金額(第24条第1項(配当の額とみなす金額)の規定により第23条第1項第1号(受取配当等の益金不算入)に掲げる金額とみなされる金額をいう。)の減少』との具体的例示をもって否認の要件を定める法132条の2とこのような具体的例示を欠く法132条とを同一に解すべき理由はな」いこと等をその根拠に加えている。また、法132条と法132条の2の趣旨・目的が異なることについて「法132条の2は、組織再編成に関わる当事者として所有と経営とが分離していない会社を想定するものではなく」「組織再編成の形態や方法は複雑かつ多様であり、同じ経済的効果を発生させ得る複数の方法があり得るところ、複数の行為の組合せ、順序等の選択された方法につき、特定の行為や事実の存否を要件として課税上の効果を定める個別規定のとおりに課税上の効果を生じさせた場合に明らかに不当と評価すべき状況が生じ得ることを想定して、このような状況の原因となる行為又は計算を否認することができるものとしたものであるから、法132条の規定とはその趣旨・目的において相当異なった側面を有するというべき」という点を加えている。

3 ヤフー・IDCF事件控訴審判決における不当性要件の解釈

　上記のとおり、ヤフー事件控訴審判決およびIDCF事件控訴審判決(以下

「ヤフー・IDCF事件控訴審判決」という)は、具体的なあてはめ等の部分に変更を加え、あるいは、納税者側の主張に対する反論の部分を加筆する等の変更点はあるものの、法人税法132条の2の「不当性要件」の意義については、基本的にヤフー・IDCF事件の第一審判決において示された解釈をそのまま踏襲した。

第6節 ヤフー事件控訴審判決における不当性要件へのあてはめ

　ヤフー事件控訴審判決は、上記のとおり、不当性要件の意義については、第一審判決において示された解釈をそのまま踏襲したが、以下に記載するとおり、特定役員引継要件の意義、具体的なあてはめに関しては、ヤフー事件第一審判決において示された内容を一部変更している。

1　特定役員引継要件について

　本章第3節**1**において記載したとおり、ヤフー事件第一審判決は、特定役員引継要件を充足する場合には、合併の前後を通じて移転資産に対する支配が継続していると評価することが可能であって、合併後も共同で事業が営まれているとみることができ、特定資本関係発生時から5年以内に行われる適格合併であっても、課税上の弊害が少ないということができることから、未処理欠損金の引継ぎを認めることとしたものと解される旨判示した。

　それに対し、ヤフー事件控訴審判決は、「移転資産に対する支配の継続」という点に言及することなく、特定役員引継要件が充足される場合、双方の経営者が共同して合併後の事業に参画しており、経営面からみて、合併後も共同で事業が営まれているとみることができ、特定資本関係発生時から5年以内に行われる適格合併であっても、課税上の弊害が少ないということができるから、未処理欠損金の引継ぎを認めることとしたものと解されると判示し、特定役員引継要件の意義について第一審判決の判示を一部

変更した。

2 特定役員引継要件にかかる法人税法132条の2の適用

特定役員引継要件を形式的に充足している場合であっても、法人税法132条の2の規定に基づき、特定役員への就任を否認することができると解すべきとの解釈については、上記**1**に記載した特定役員引継要件の意義について変更を加えたことに対応する変更部分を除き、ヤフー事件控訴審判決は、ヤフー事件第一審判決を踏襲した。

3 具体的なあてはめ

ヤフー事件控訴審判決は、ヤフー事件第一審判決と同様、結論としては、IDCSの未処理欠損金をヤフーの欠損金とみなしてその損金に算入することは、法人税法57条3項および法人税法施行令112条7項5号（特定役員引継要件）が設けられた趣旨・目的に反することが明らかであると認められ、本件副社長就任およびそれを前提とする計算は、不当性要件を満たすものと判示したが、かかる判示に至るまでの判断内容は、ヤフー事件第一審判決とは一部異なっている。

ヤフー事件控訴審判決は、上記結論が導かれる理由について、本件副社長就任に係る事情として証拠により認められる事実を前提として、以下のように判示した。

本件合併時におけるA氏以外の被合併法人であるIDCSの役員は、いずれも経営者としてIDCS株式譲渡前のIDCSの事業を担っていたが、本件合併後、合併法人であるヤフーの役員に就任する事業上の必要がないものと認められ、その就任が予定されず、実際にも就任していない。そして、A氏が、IDCS株式譲渡前のIDCSを代表して業務上の行為を行ったことを認めるに足りる証拠はなく、本件提案前から本件合併前後を通じて合併法人であるヤフーの代表取締役であり、本件副社長就任後のIDCSにおけるA

氏の職務内容は、本件提案に沿ったIDCS株式譲渡・本件合併の相手方の代表取締役としての影響力を行使することによっては、実現が困難であったとは認められないばかりではなく、本件副社長就任からIDCS株式譲渡までの期間は2か月間と短く、非常勤で、代表権も、部下や専任の担当業務もなく、IDCS株式譲渡前IDCSの経営に実質的には参画していたとは認められないのであり、A氏の本件副社長就任は、ヤフーの法人税の負担を減少させるという税務上の効果を発生させること以外に、その事業上の必要性は認められず、経済活動としていかにも不自然・不合理なものと認めざるを得ないのであって、本件副社長就任の目的がもっぱらヤフーの法人税の負担を減少させるという税務上の効果を発生させることにあったことが明らかであると認められる。仮に上記以外の事業上の目的がまったくないとはいえないものと認定する余地があるとしても、その主たる目的が、法人税法施行令112条7項5号の要件を満たして、法人税法57条3項の適用を回避し、同条2項により未処理欠損金額を引き継ぐことで、ヤフーの法人税の負担を減少させるという税務上の効果を発生させることにあったことは明らかであり、合併法人の代表取締役であるA氏が本件副社長就任をしたことをもって、被合併法人であるIDCSと合併法人であるヤフーの双方の経営者が共同して合併後の事業に参画しており、経営の面からみて、合併後も共同で事業が営まれていると評価することができないことが明らかであると認められる。

　これらの点を総合すれば、A氏がIDCS株式譲渡時にIDCSの役員であり、本件合併時にその取締役副社長であることによっても、本件合併において、双方の経営者が共同して合併後の事業に参画しており、経営の面からみて、合併後も共同で事業が営まれているとは認められず、IDCSの未処理欠損金をヤフーの欠損金とみなしてその損金に算入することは、法人税法57条の2項、3項および法人税法施行令112条7項5号が設けられた趣旨・目的に反することが明らかである。

すなわち、ヤフー事件控訴審判決は、本件副社長就任について、それがもっぱらヤフーの法人税の負担を減少させるという税務上の効果を発生させることを目的としたものであったとの認定を前提として、組織再編成にかかる個別規定の趣旨・目的に反すると認定したものと認められるのであり、ヤフー事件第一審判決において、「移転資産に対する支配の継続」という観点から認定を行い、法人税の負担を減少させることを目的としていたという点に焦点を当てた認定を行っていなかったという点が大きな変更点であると考えられる。

IDCF事件控訴審判決における不当性要件へのあてはめ

IDCF事件控訴審判決は、ヤフー事件控訴審判決と同様、不当性要件の意義について、IDCF事件第一審判決において示された解釈をそのまま踏襲し、完全支配関係継続見込要件についての解釈、具体的なあてはめについても、以下のとおり、一部付け加えた部分があるほかは、おおむねIDCF事件第一審判決において判示された内容を踏襲した。

1 完全支配関係継続見込要件について

IDCF事件控訴審判決は、完全支配関係継続見込要件の意義について、本章第4節1に記載した内容にほぼ変更を加えておらず、完全支配継続見込要件が局所的にみると充足されない場合において、包括的否認規定を適用することにより、完全支配関係継続見込要件が充足されないことの原因となっている行為または計算を否認することができるものとの判断を維持した。

2 具体的なあてはめ

IDCF事件控訴審判決は、具体的なあてはめに関しても、IDCF事件第一審判決をほぼそのまま踏襲し、本件計画を前提とした分割行為は、局所的にみれば完全支配関係継続見込み要件を充足しないものではあるものの、それによりもたらされる税負担減少効果を容認することは、完全支配関係継続見込要件を定めた法人税法施行令4条の2・6項1号が設けられた趣

旨・目的に反することが明らかであるということができるとの判断を維持した。

なお、IDCF事件控訴審判決は、納税者側の主張に対する反論として、「本件は、ヤフーがデータセンターを自社保有することを事業上の目的としてIDCSを買収・吸収合併したものであったが、本件分割時において、IDCFがIDCS及びIDCSを吸収合併するヤフー以外の第三者の支配下に置かれることは全く予定されておらず、経済的にみればIDCFにつき当事者間の完全支配関係が継続することが見込まれているとの実態があったと評価される取引であったのに、本件計画は、当事者間の完全支配関係についての法及び施行令の技術的な定めに着目して、本件分割を非適格分割とすることにより法人税の負担を減少させるために事業上の必要はないIDCF株式譲渡をあえて介在させたものであり、このような本件の具体的な事実関係に照らして、(法人税)法132条の2の規定により、本件分割後にまずIDCF株式譲渡だけを行うという本件計画を前提とした分割行為を否認したものであり、(法人税)法2条12号の11イ、62条の8第1項、施行令4条の2第6項1号等の個別規定をその文理に反して適用したものではない」との点を追加している。

かかる判示から、IDCF事件控訴審判決は、本件計画を前提とした本件分割においてIDCF株式譲渡を介在させたことについて、事業上の必要性はなかったものとの事実認定を行っていることがわかる。

第8節 ヤフー・IDCF事件最高裁判決において示された不当性要件についての解釈

1 ヤフー・IDCF事件最高裁判決における不当性要件についての判示

　ヤフー事件最高裁判決およびIDCF事件最高裁判決は、法人税法132条の2における不当性要件に解釈について、まったく同一内容の判示を行ったが、当該判示の内容は、ヤフー・IDCF事件控訴審判決(ヤフー・IDCF事件第一審判決における判示を基本的に踏襲している)において示された法人税法132条の2に係る不当性要件の解釈を大きく変更するものであった。

　ヤフー・IDCF事件最高裁判決は、まず、法人税法132条の2の趣旨および目的について「組織再編成は、その形態や方法が複雑かつ多様であるため、これを利用する巧妙な租税回避行為が行われやすく、租税回避の手段として濫用されるおそれがあることから、法132条の2は、税負担の公平を維持するため、組織再編成において法人税の負担を不当に減少させる結果となると認められる行為又は計算が行われた場合に、それを正常な行為又は計算に引き直して法人税の更正又は決定を行う権限を税務署長に認めたものと解され、組織再編成に係る租税回避を包括的に防止する規定として設けられたもの」とする。

　このような法人税法132条の2の趣旨および目的を根拠として、ヤフー・IDCF事件最高裁判決は、いかなる場合に不当性要件について「法人の行為又は計算が組織再編成に関する税制(以下「組織再編税制」という。)に係る各規定を租税回避の手段として濫用することにより法人税の負担を減

少させるものであることをいうと解すべきであり、その濫用の有無の判断に当たっては、①当該法人の行為又は計算が、通常は想定されない組織再編成の手順や方法に基づいたり、実態とは乖離した形式を作出したりするなど、不自然なものであるかどうか、②税負担の減少以外にそのような行為又は計算を行うことの合理的な理由となる事業目的その他の事由が存在するかどうか等の事情を考慮した上で、当該行為又は計算が、組織再編成を利用して税負担を減少させることを意図したものであって、組織再編税制に係る各規定の本来の趣旨及び目的から逸脱する態様でその適用を受けるもの又は免れるものと認められるか否かという観点から判断するのが相当である」との解釈を示した。

2 ヤフー・IDCF事件最高裁判決が判示する組織再編税制の基本的な考え方

なお、ヤフー・IDCF事件最高裁判決は、不当性要件の意義についての判示に続き、組織再編税制の基本的な考え方として、以下のような同一の内容を示した上で、各事案に応じた具体的な適用法令についての解釈・あてはめを行っている。

すなわち、ヤフー・IDCF事件最高裁判決は、組織再編税制の基本的な考え方について、「組織再編税制の基本的な考え方は、実態に合った課税を行うという観点から、原則として、組織再編成により移転する資産及び負債（以下「移転資産等」という。）についてその譲渡損益の計上を求めつつ、移転資産等に対する支配が継続している場合には、その譲渡損益の計上を繰り延べて従前の課税関係を継続させるというものである。このような考え方から、組織再編成による資産等の移転が形式と実質のいずれにおいてもその資産等を手放すものであるとき（非適格組織再編成）は、その移転資産等を時価により譲渡したものとされ、譲渡益又は譲渡損が生じた場合、これらを益金の額又は損金の額に算入しなければならないが（法62条等）、他方、その移転が形式のみで実質においてはまだその資産等を保有してい

るということができるものであるとき（適格組織再編成）は、その移転資産等について帳簿価額による引継ぎをしたものとされ（法62条の2等。適格分社型分割については法62条の3）、譲渡損益のいずれも生じないものとされている」と述べ、適格組織再編成を認める実質的な根拠が「移転資産等に対する（実質的な）支配の継続」であるとしている。

ヤフー・IDCF事件最高裁判決におけるあてはめ

1 ヤフー事件最高裁判決のあてはめ

　ヤフー事件最高裁判決は、特定役員引継要件の趣旨について、「合併法人と被合併法人の特定役員が合併後において共に合併法人の特定役員に就任するのであれば、双方の法人の経営の中枢を継続的かつ実質的に担ってきた者が共同して合併後の事業に参画することになり、経営面からみて、合併後も共同で事業が営まれているとみることができる」と述べており、基本的には、ヤフー事件控訴審判決の考え方を踏襲したものと考えられる。

　その上で、本件副社長就任が、法人税の負担の軽減を目的として、特定役員引継要件を満たすことを意図して行われたものであり、また、A氏はIDCSにおいて、経営の中枢を継続的かつ実質的に担ってきた者という法人税法施行令112条7項5号の特定役委員引継要件において想定されている特定役員の実質を備えていたということはできず、本件副社長就任は、本件合併後にA氏がヤフーの代表取締役社長の地位にとどまってさえすれば特定役員引継要件が満たされることとなるよう企図されたものであって、実態と乖離した形式を作出する明らかに不自然なものというべきと認定した。また、本件提案から本件副社長就任に至る経緯に照らし、A氏のIDCSの業務内容もおおむね本件合併等に向けた準備やその後の事業計画に関するものにとどまること、A氏のIDCSにおける取締役副社長としての在籍期間や権限等、事実関係にも鑑みると、本件副社長就任につき、税

負担の減少以外にその合理的理由といえるような事業目的等があったとは言いがたいとした。

　そして、このような点を総合すると、本件副社長就任は、組織再編成を利用して税負担を減少させることを意図したものであって、適格合併における未処理欠損金額の引継ぎを定める法人税法57条２項、みなし共同事業要件に該当しない適格合併につき同項の例外を定める同条３項および特定役員引継要件を定める法人税法施行令112条７項５号の本来の趣旨および目的を逸脱する態様でその適用を受けものまたは免れるものと認められるとし、法人税法132条の２の不当性要件を充足するとした。

2　IDCF事件最高裁判決のあてはめ

　IDCF事件最高裁判決は、IDCF事件控訴審判決において認定された事実を前提として、本件計画を前提とする本件分割は、平成22年３月期以降は損金に算入することができなくなるIDCSの未処理欠損金額約100億円をIDCFの資産調整勘定の金額に転化させ、IDCFにおいてこれを以後60か月にわたり償却し得るものとするため、本来必要のないIDCF株式譲渡を介在させることにより、実質的には適格分割というべきものを形式的に非適格分割とするべく企図されたものといわざるを得ず、本件計画を前提とする点において、通常は想定されない組織再編成の手順や方法に基づくものであるのみならず、これにより実態とは乖離した非適格分割の形式を作出するものであって、明らかに不自然なものであり、税負担の減少以外にその合理的な理由となる事業目的等を見い出すことはできないと認定した。

　そのような認定を前提に、本件計画を前提とする本件分割は、組織再編成を利用して税負担を減少させることを意図したものであって、適格分割の要件を定める法人税法２条12号の11イおよび施行令４条の２・６項１号、適格分社型分割につき譲渡損益の計上の繰延べを定める法人税法62条の３ならびに資産調整勘定の金額の損金算入等について定める法人税法62

条の8の本来の趣旨および目的を逸脱する態様でその適用を受けるものまたは免れるものとし、法人税法132条の2の不当性要件を充足するとした。

第10節 ヤフー・IDCF事件において裁判所により示された不当性要件の意義についての考察

　本書においては、組織再編成に係る行為計算否認規定である法人税法132条の2の適用要件として最も問題となる不当性要件に関して実務的な見地から検討を加えることを主眼としており、法令の解釈論を展開することを目的とするものではないが、実務的な見地からの検討については第2編において詳しく述べることとし、ここでは、ヤフー・IDCF事件において裁判所により示された不当性要件の解釈について、若干の考察を行うこととする。

1　ヤフー・IDCF事件控訴審判決について

　ヤフー・IDCF事件控訴審判決は、不当性要件の解釈について、第一審判決を踏襲し、①取引が経済的取引として不自然・不合理(IDCF事件控訴審判決は、不合理・不自然)である場合、②組織再編成に係る行為の一部が、組織再編成に係る個別規定の要件を形式的には充足し、当該行為を含む一連の組織再編成に係る税負担を減少させる効果を有するものの、当該効果を容認することが組織再編税制の趣旨・目的または当該個別規定の趣旨・目的に反することが明らかである場合、の2つの場合に、不当性要件が充足される旨を判示した。また、組織再編成を構成する個々の行為について個別にみると事業目的がないとはいえないような場合であっても、当該行為または事実に個別規定を形式的に適用したときにもたらされる税負担減少効果が、組織再編成全体としてみた場合に組織再編税制の趣旨・目

的に明らかに反し、または個々の行為を規律する個別規定の趣旨・目的に明らかに反するときは、上記②に該当するとも判示した。

このようなヤフー・IDCF事件控訴審判決の示す不当性要件についての解釈については、実務家および学者から数多くの批判がなされている。例えば、上記②の場合でも不当性要件を充足するとすれば、個別規定において一定の課税上の効果が発生するための要件が規定されており、事業目的が認められる行為によって当該要件が充足されている場合でも、不当性要件を満たす場合があり得ることになるという点で、納税者の予測可能性を損なうものである等の批判がなされている[4]。

2 ヤフー・IDCF事件控訴審判決による不当性要件の解釈への疑問

ヤフー・IDCF事件控訴審判決において示された不当性要件の解釈については、上記のとおり納税者の予測可能性という観点からの批判などがなされており、その批判についてはおおむね妥当ではないかと思われるが、ここでは、租税法律主義という観点から、問題点を述べることとする。その点が、ヤフー・IDCF事件控訴審判決において示された不当性要件の解釈の最大の問題点であるように思われるのである。

すなわち、ヤフー・IDCF事件控訴審判決は、個別規定の要件を充足し、税負担を減少させる効果を有するものの、当該効果を容認することが組織再編税制の趣旨・目的または当該個別規定の趣旨・目的に反することが明らかである場合には、不当性要件を充足する旨を判示しており、したがって、個別規定に定められた税負担の減少の効果が認められるためには、明文の規定のみならず、組織再編税制の趣旨・目的または当該個別規定の趣旨・目的に反しないという要件をも満たす必要があるということになる。

---

[4] 例えば、主として第一審判決に対するものであるが、太田洋・伊藤剛志編著『企業取引と税務否認の実務』(大蔵財務協会、2015) 93頁以下

言い換えるならば、組織再編成にかかる個別規定については、明文に規定されていない要件を充足しなければ、当該個別規定にかかる税負担の減少の効果は満たされないのであり、かつ、その明文に規定されていない要件である「組織再編税制の趣旨・目的又は当該個別規定の趣旨・目的に反しない」という要件については、いかなる場合にその要件が充足されるのかについては必ずしも明らかではないのである。

　この点、ヤフー・IDCF事件控訴審判決は、「税法の分野においても、法の執行に際して具体的事情を考慮し、税負担の公平を図るため、何らかの不確定概念の下に課税要件該当性を判断する必要がある場合は否定できず（法132条がその典型例であるということができる。）、このような場合であっても、具体的な事実関係における課税要件該当性の判断につき納税者の予測可能性を害するものでなければ、租税法律主義に反するとまではいえないと解されるところである。しかるところ、法132条の2は」「税負担減少効果を容認することが組織再編税制の趣旨・目的又は当該個別規定の趣旨・目的に反することが明らかであるものに限り租税回避行為に当たるとして否認できる旨の規定であると解釈すべきものであり、このような解釈は、納税者の予測可能性を害するものではないから、これをもって租税法律主義に反するとまではいえないというべき」としている。すなわち、ヤフー・IDCF事件控訴審判決は、組織再編税制の趣旨・目的または当該個別規定の趣旨・目的に反することが明らかであるか否かについては、納税者において識別可能であり、したがって、納税者の予測可能性は害されず、租税法律主義に反するものでないとするのである。しかしながら、組織再編税制の趣旨・目的あるいは個別規定の趣旨・目的の具体的な内容が明確で一義的であるとまではいえないように思われるし、実務的に、組織再編税制の趣旨・目的または個別規定の趣旨・目的に反するか否かの判断はきわめて難しいと思われるのである。ヤフー・IDCF事件は、納税者の予測可能性は害されないとするが、そのように言い切ることができるかは

疑問といわざるを得ない。

　また、ヤフー・IDCF事件が「組織再編成を構成する個々の行為について個別にみると事業目的がないとはいえないような場合であっても」、「組織再編税制の趣旨・目的に明らかに反し、又は個々の行為を規律する個別規定の趣旨・目的に明らかに反するとき」は、不当性要件を充足する旨を述べていることからすれば、仮に事業上の目的に基づいて組織再編成が行われた場合であっても、「組織再編税制の趣旨・目的」または「個別規定の趣旨・目的」に明らかに反するとして不当性要件を充足するものとされる可能性があるということとなる。

　したがって、ヤフー・IDCF事件控訴審判決によれば、納税者の行った組織再編成にかかる行為・計算について、その目的やその手順・方法のいかんにかかわらず、「組織再編税制の趣旨・目的」または「個別規定の趣旨・目的」に明らかに反するか否かという、必ずしもその内容が明確とはいえない基準のみで不当性要件の充足の有無が判断されるように読めることとなる。組織再編成にかかる行為・計算の目的やその手順・方法については、納税者においてコントロール可能であり、個別規定の明文に規定された要件を充足しているか否かについても納税者において判断は可能と思われるが、「組織再編税制の趣旨・目的」または「個別規定の趣旨・目的」という納税者にとり必ずしも明確とはいえないものによって、不当性要件の充足の有無が判断されるとすれば、やはり、納税者にとり予測可能性が確保されているとは言いがたいように思われる。

　さらに、ヤフー・IDCF事件控訴審判決によれば、個別規定において税負担の減少という効果をもたらす要件が明確に規定されているにもかかわらず、「組織再編税制の趣旨・目的又は当該個別規定の趣旨・目的に反しないこと」という、いわば書かれざる要件が加えられることになるのであり、実質的には、個別規定が書き換えられていることにほかならない。すなわち、ヤフー・IDCF事件控訴審判決によれば、法132条の2は、課税当

局に対し、個別規定に関して、明文で規定された要件に、「組織再編税制の趣旨・目的あるいは当該個別規定の趣旨・目的に反しないこと」という必ずしもその内容が明らかではない要件を加重することで、当該個別規定を実質的に書き換えることを認めることになるように思われるのである。ヤフー・IDCF事件控訴審判決が、課税当局に対し「組織再編税制の趣旨・目的または個別規定の趣旨・目的」を法規範そのものに転化することによって新たな個別規定を創造することを認めるものであるとするならば、仮に納税者に予測可能性が害されていないとしても、やはり租税法律主義との関係で問題は解消されないように考えられるのである。

3 ヤフー・IDCF事件最高裁判決における不当性要件の解釈について

本章第8節において記載したとおり、ヤフー・IDCF事件最高裁判決は、不当性要件を充足するのは、法人の行為または計算が組織再編税制に係る各規定を租税回避の手段として濫用することにより法人税の負担を減少させるものである場合であるとの解釈を示した。そして、濫用の有無の判断については、①法人の行為または計算が、通常は想定されない手順や方法に基づいたり、実態とは乖離した形式を作出したりするなど不自然か否か、②税負担の減少以外の事業上の目的その他の事由が存在するか否か等の事情を考慮した上で、当該行為または計算が、組織再編成を利用して税負担を減少させることを意図したものであって、組織再編税制に係る各規定の本来の趣旨および目的から逸脱する態様でその適用を受けるものまたは免れるものと認められるか否かという観点から判断すると判示した。

言い換えると、ヤフー・IDCF事件最高裁判決は、法人税法132条の2の不当性要件の充足について、法人の行為または計算が組織再編税制に係る規定を濫用するものか否かという基準によって判断すると抽象的な基準を示した上で、濫用するものか否かについて、当該行為または計算が、組織再編成を利用して税負担を減少させることを意図したものであって、組織

再編税制に係る規定の本来の趣旨目的から逸脱する態様でその適用受けまたはその適用を免れるものと認められるか否かとの基準を示したものである。

さらに、ヤフー・IDCF事件最高裁判決は、濫用するものか否かを判断するに際して考慮すべき具体的な事情として、①法人の行為または計算が不自然か否か、②税負担の減少以外の事業上の目的その他の事由が存在するか否か、の2つを挙げている。

ヤフー・IDCF事件最高裁判決において示された法人税法132条の2にかかる不当性要件の解釈は、ヤフー・IDCF事件控訴審判決において判示された解釈を変更するものであり、ヤフー・IDCF事件控訴審判決に比較して、不当性要件が充足される範囲を狭める解釈を示したものと考えられる。

まず、ヤフー・IDCF事件控訴審判決は、不当性要件が充足される場合について、①経済的取引として不自然・不合理である場合（以下「経済的合理性基準」という）、②組織再編成にかかる行為の一部が個別規定の要件を充足することで、税負担を減少させる効果を有するものの、当該効果を容認することが組織再編税制の趣旨・目的又は当該個別規定の趣旨・目的に反することが明らかな場合（以下「趣旨・目的基準」という）、の2つの基準を挙げていたのに対し、ヤフー・IDCF事件最高裁判決は、法人の行為または計算が組織再編成に係る規定を濫用する場合（以下「濫用基準」という）という単一の基準を示したという点で、大きな変更がなされたということができる。また、濫用基準に該当するのは、①組織再編成を利用して税負担を減少させることを意図し、かつ、②組織再編成にかかる規定の本来の趣旨目的から逸脱する態様でその適用を受け、またはその適用を免れるものと認められる場合、であるとしており、ヤフー・IDCF事件控訴審判決における趣旨・目的基準においては税負担減少の意図の有無が考慮されていないのに対し、組織再編成を利用して税負担を減少させることを意図し

ていない場合には、不当性要件が充足されないという点で、不当性要件が充足される範囲は一定程度限定されているものと考えられる。趣旨・目的基準にいう「組織再編税制の趣旨・目的又は個別規定の趣旨・目的に反することが明らかな場合」と、濫用か否かの判断要素の1つである「組織再編成にかかる規定の本来の趣旨目的から逸脱する態様でその適用を受け、またはその適用を免れるものと認められる場合」との異同は必ずしも明らかではないが、少なくとも、「組織再編税制の趣旨・目的」または「個別規定の趣旨・目的」に明らかに反するか否かという必ずしも納税者にとって明確とはいえない基準のみで不当性要件の充足が判断されるのではなく、組織再編税制を利用して税負担を減少させることを意図しているか否かという納税者において判断可能な基準が付加されることによって、納税者の予測可能性は高められることになると考えられるのである。

第3章

IBM事件において裁判所によって示された不当性要件の解釈

第1編第3章では、IBM事件における事案の概要を述べた上で、IBM事件の第一審判決（東京地判平成26年5月9日訟月61巻11号2041頁。以下「IBM事件第一審判決」という）、IBM事件控訴審判決において示された不当性要件についての解釈を述べた上で、IBM事件最高裁決定についても言及する。

第1節 IBM事件にかかる事案の概要

1 前提事実

　IBMAPは、平成11年4月1日に設立された有限会社であり、平成14年2月12日、米国IBMの子会社である米国WT（米国IBMにその持分の全部を保有される米国IBMの海外の関連会社を統轄する持株会社）がIBMAPの持分全部を取得した。

　IBMAPには専任の役員および使用人はいない。IBMAPは、経理・財務・税務等の業務を日本IBMに業務委託していた。IBM事件で問題となった日本IBMによる自己株式の買取りが行われた事業年度におけるIBMAPの主な収入は、日本IBMからの配当および日本IBM株式の譲渡代金であり、主たる支出は、米国WTに対する借入金の返済および日本IBMに対する業務委託料の支払いであった。

2 日本再編プロジェクト

　米国IBMは、事業上主要と考えられる地域または国単位の中間持株会社を置くことによる子会社の組織の再編をすることとし、日本において、従前、米国WTの下に日本IBM、APSCおよびYSCが、米国IBMの下にDTIが置かれていたところ、日本IBM、APSC、YSCおよびDTIをすべてIBMAPの下に子会社として置くこととする組織の再編をすることとした（以下「日本再編プロジェクト」という。なお、APSC、YSC、DTIは、いずれも

米国IBMグループの株式会社である)。

3 IBMAPによる日本IBM株式の取得

IBMAPは、米国WTから、同社が保有する日本IBMの発行済株式の全部を代金1兆9,500億円(1株当たりの取得価額127万1,625円)で購入した(以下「本件株式購入」という)。IBMAPは、その購入代金の一部を米国WTからの増資(以下「本件増資」という)によって得た資金で支払った上で、残額については、米国WTからの準消費貸借とした(以下「本件融資」という)。また、日本IBM株式の購入価額については、専門業者が作成した株式評価書に基づき決定された。

4 日本IBMによる自己株式の取得

日本IBMは、平成14年12月期、平成15年12月期、平成17年12月期に自己株式の取得を行い、IBMAPは、日本IBMに対して、本件株式購入における1株当たり取得価額とほぼ同額の1株当たりの譲渡価額で、日本IBMに対して日本IBM株式を譲渡した(以下「本件各譲渡」という。また、本件各譲渡を行った事業年度を「本件各譲渡事業年度」という。なお、平成14年12月期の譲渡を「平成14年譲渡」、平成15年12月期の譲渡を「平成15年譲渡」、平成17年12月期の譲渡を「平成17年譲渡」とそれぞれいうこととする)。IBMAPは、本件各譲渡の代金として日本IBMから受け取った金額(源泉所得税控除後)について、そのほぼ全額を本件融資の返済として米国WTに送金した。

5 課税関係

(1) 本件株式購入にかかる課税関係

IBMAPは、米国の税制上、いわゆるチェック・ザ・ボックス規則により米国WTの支店として取り扱われ、米国WTから独立した法人として取り扱われないわが国の有限会社であることから、本件株式購入は、内部取

引として取り扱われることとなり、米国の税制上、米国WTに対して株式譲渡益に対する課税がなされることはない。

日本の法人税法上は、IBMAPは、独立した法主体として取り扱われることから、本件各譲渡にかかる有価証券譲渡損益の計算において原価となる額は、本件株式購入にかかる1株当たりの取得価額が基礎となる。

(2) 本件各譲渡について

本件各譲渡において、IBMAPは保有する日本IBM株式の一部を取得価額とほぼ同額で譲渡しており、みなし配当の額と同額の株式譲渡損失が発生して損金の額に算入され、ほぼその全額に相当する金額が欠損金として翌期以降の事業年度に繰り越されていた。

本件各譲渡によりIBMAPが交付を受けた金額のうち、みなし配当とされる金額については、日本IBMにより20％の税率で所得税が源泉徴収されるが、IBMAPの本件各譲渡にかかる事業年度の所得の計算において欠損金額が生じ、法人税の額が0円となるため、源泉徴収された所得税の額についてはその全額がIBMAPに還付されていた。

米国税制上、IBMAPは独立した法主体としては取り扱われないため、IBMAPが日本IBMから本件各譲渡の代金として交付を受けた金銭については、米国WTが直接日本IBM株式を譲渡した対価として取り扱われることとなり、米国税制上は、米国WTが日本IBMから配当を受けたものとして、その課税所得に算入される。

6 IBMAPの連結確定申告等

IBMAPは、平成19年6月20日、自らを連結親法人とする連結納税の承認の申請(以下「本件連結納税申請」という)を行い、平成20年1月1日付けで、本件連結納税申請が承認されたものとみなされた。本件各譲渡により生じた繰越欠損金は、みなし連結欠損金として連結納税に持ち込まれたが、IBMAPが、平成20年12月期において当該連結欠損金を損金に算入せ

ずに連結確定申告したところ、課税当局は、平成21年5月、当該連結欠損金を損金に算入する減額更正を行った。

7 課税当局による否認

　課税当局は、平成22年2月、平成14年12月期、平成15年12月期および平成17年12月期のIBMAPの法人税について、法人税法132条1項を適用して、本件各譲渡による譲渡損失の損金算入を否認する更正処分を行うとともに、平成20年12月期のIBMAPの連結納税について、本件各譲渡により生じ、連結納税に持ち込まれた連結欠損金の損金算入を否認する更正処分を行ったほか、平成21年12月期、平成22年12月期、平成23年12月期についても、当該連結欠損金の損金算入を否認した。

8 概要図

　日本再編プロジェクトにかかる組織再編成の状況を図示すると、**図表2**のとおりとなる。

図表2　IBM事件組織再編概要図
日本再編プロジェクト

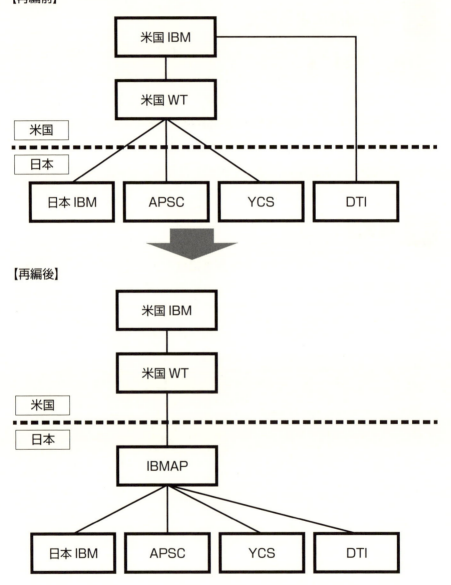

第2節 IBM事件第一審判決において示された不当性要件についての解釈

　IBM事件における主要な争点は、本件各譲渡による有価証券の譲渡にかかる譲渡損失額がIBMAPの本件各譲渡事業年度所得の金額の計算上損金の額に算入されて欠損金額が生じたことによる法人税の負担の減少が、法人税法132条1項にいう「不当」なものと評価することができるかという点である。すなわち、法132条における「不当性要件」を充足するか否かが主要な争点であり、本節では、IBM事件第一審判決において示された不当性要件の解釈について述べた上で、具体的なあてはめについて説明することとする。

1 不当性要件の意義

　IBM事件第一審判決は、法人税法132条における不当性要件の意義について「専ら経済的、実質的見地において当該行為又は計算が純粋経済人の行為として不合理、不自然なものと認められるか否かを基準として判定」するもの(経済的合理性基準)との解釈を示した上で「このような客観的、合理的基準に従って同族会社の行為又は計算を否認する権限を税務署長に与えているものと解するのが相当」と判示した。当該判示について、IBM事件第一審判決は、過去の最高裁判決(最二小判昭和53年4月21日訟月24巻8号1694頁)を参照しており、確立した判例において示された考え方を踏襲したものと考えられる。また、法人税法132条の不当性要件について、経済的合理性基準によりその充足の有無が判断されること自体は、課税当局

側も争っていない。

2　具体的なあてはめ

(1) 課税当局側の主張

　課税当局側は、米国WTによるIBMAPの持分の取得、本件増資および本件融資によって得た資金による本件株式購入、さらには本件各譲渡までを「本件一連の行為」とした上で、不当性要件を充足することの評価根拠事実として、以下の3点を挙げた。

① IBMAPをあえて日本IBMの中間持株会社としたことに正当な理由ないし事業目的があったとは言いがたいこと
② 本件一連の行為を構成する本件融資は、独立した当事者間の通常の取引とは異なるものであること
③ 本件各譲渡を含む本件一連の行為に租税回避の意図が認められること

　IBM事件第一審判決において、裁判所は、経済的合理性基準に基づいて不当性要件の充足が認められるためには、いかなる事実が認められる必要があるかについては判断することなく、上記①～③が認められるか否かについて検討した上で、以下のとおり、いずれの事実についてもそれを裏付ける証拠ないし事情は認められないとして、不当性要件は充足されないとの判断を示している。

(2) IBMAPをあえて日本IBMの中間持株会社としたことに正当な理由ないし事業目的があったとは言いがたいか

　IBM事件第一審判決は、この点について、まず、以下の理由を挙げて、IBMAPに持株会社としての固有の存在意義がないとまでは言いがたいとした。

① IBMAPは、日本におけるIBMグループを成す会社に係る組織の再編における持株会社または企業を買収した複数の案件における受皿

会社としてそれぞれ一定の役割を果たしたとはいえないとまでは言いがたいこと
② IBMAPは、資金を柔軟に移動させることを可能としたり、IBMグループに係る租税の負担を減少させたりすることを通じてIBMグループが必要とする資金をより効率的に使用することを可能とするような一定の金融上の機能（金融仲介機能）を果たしていないとも言いがたいこと
③ ①の案件以外の企業を買収する案件における受け皿会社としての一定の役割を果たすことも期待されていたことも一概に否定しがたいこと

その上で、企業グループにおける組織の在り方の選択が基本的に私的自治に委ねられるべきものであることや、法令上、外国にある持株会社とわが国にある事業会社との間に有限会社である持株株会社を置くことができる事由を限定する規定が見当たらないことも考慮に加えると、米国WTと日本IBMとの間に中間持株会社としてのIBMAPを置いたことに税負担軽減以外の事業上の目的が見いだせないとは言いがたく、IBMAPを中間持株会社として置いたことに正当な理由ないし事業目的がなかったとは言いがたいというべきとした。

(3) 本件一連の行為を構成する本件融資は、独立した当事者間の通常の取引とは異なるものであるか否か

IBM事件第一審判決は、この点について、IBMAPは、本件融資のされた当時、日本IBM等4社の発行済株式の全部を保有していた上、基本的にいずれもIBMグループに属する米国WTおよび日本IBM以外の者と債権債務関係が発生することが想定されていないことが認められるから、これらの事情を前提とすれば、本件融資が独立した当事者間の通常の取引として到底あり得ないとまでは認めがたいとした。

(4) 本件各譲渡を含む本件一連の行為に租税回避の意図が認められるか

　課税当局は、本件一連の行為に租税回避の意図が認められるとして、以下の4点をその評価根拠事実として挙げた。

① 本件株式購入および本件各譲渡には経済的合理性がないこと

② IBMAPに有価証券の譲渡に係る譲渡損失額が生ずることとなった経緯から米国IBMが税負担の軽減を目的として意図的にIBMAPに有価証券の譲渡損を生じさせるような事業目的のない行為である本件一連の行為をしたことを推認することができること

③ IBMAPが中間持株会社として置かれた当初からいわゆる連結納税制度を利用して本件各譲渡によりIBMAPに生ずる有価証券の譲渡に係る譲渡損失額を連結所得の金額の計算上損金の額に算入することが想定されていたことが合理的に推認されること

④ 本件につき法人税法の適用のない米国法人が濫用的にその適用を受けて租税回避を企図したものと評価することができること

　それに対し、IBM事件第一審判決は、以下のとおり、上記①〜④のいずれについても、これを裏付けるものと認めるに足りる証拠ないし事情があるものとは認めがたいとした。

　　ア　上記①について

　　　本件株式購入にかかる取得価額の妥当性、本件各譲渡における譲渡価額の妥当性等が争点となったが、IBM事件第一審判決は、(ⅰ)本件株式購入にかかる取得価額は、専門業者による評価額に基づき決定されており、それが不適切なものであるとまでは認めがたい、(ⅱ)本件各譲渡の価額については、直近の取引実例に係る価額である本件株式購入の価額を用いてそれとほぼ同額とするように本件各譲渡における日本IBMの株式の1株当たりの譲渡の価額を決定したとしても、それが不合理、不自然とまでは断定しがたいとして、本件株式購入および本件

各譲渡については、いずれも経済的合理性のないものであるとまでは言いがたいと判示した。

イ　上記②について

　IBM事件第一審判決は、(a)平成14年の日本IBM株式の譲渡にかかる譲渡価額について、当初誤って簿価純資産価額を用いて算出していたにもかかわらず、取締役会において特段の意見等が出されていないこと、(b)平成14年の日本IBMの譲渡に際し、当初、譲渡価額の全額がみなし配当の額になるという前提で源泉所得税の計算がされていたこと、(c)平成14年の日本IBM株式の譲渡によって生じた多額の税務上の損失について、当初、これを使用する見込みがないことから米国IBMの連結財務諸表上に何らかの記載をする必要はないという判断をしていたこと、(d)平成14年のIBM株式の譲渡の後、IBMAPの財務諸表上、繰延税金資産は計上しないものとされ、平成19年に至るまで米国IBMの繰延税金資産を精査する担当者に、日本IBM株式の譲渡に係る譲渡損失額が生じていることが伝えられていなかったことの各事実を認定し、これらの事実は、いずれも米国IBMが本件各譲渡に基づいてIBMAPに生ずる有価証券譲渡損失額を利用して税負担を軽減する目的でこれを意図的に発生させたとする課税当局側の主張と整合しないとして、課税当局側の主張は採用できないと判示した。

ウ　上記③について

　IBM事件第一審判決は、上記③について、以下の各点を挙げて、米国IBMが、当初からIBMAPについて近い将来連結承認を受けて本件各譲渡により生ずる有価証券の譲渡に係る譲渡損失額を連結所得の金額の計算上損金の額に算入することを想定していたとは認めがたいとした。

(ⅰ)　日本再編プロジェクトを米国IBMが承認した時点(遅くとも平成13年11月の時点)では、日本における連結納税制度の導入に関して公

表されているものでは、IBMAPが連結納税の承認の申請をした場合に国税庁長官の承認を受けることができるか否か、または連結納税の承認を受けた場合にどのような得失が生ずるかは不明であり、連結納税の承認を受けることを具体的に想定できたとは言いがたい状況であったこと
(ⅱ) 日本再編プロジェクトの検討段階で、完全支配関係がある法人につき連結納税制度が強制適用される国があることを念頭に、そのような適用を回避するために日本IBMが米国WTに追加の株式を発行することを検討するなど、連結納税の適用を回避するための議論がなされていたこと
(ⅲ) 平成14年当時、欠損金の繰越期間(当時は5年)との関係で、日本IBMの資産を時価により評価するなどの方策を講じない限り、平成14年の日本IBM株式の譲渡による譲渡損失額が連結所得の金額の計算上損金の額に算入されることもなかったことから、平成14年における日本IBM株式の譲渡に係る譲渡損失額を連結所得の金額の計算上損金の額に算入することは現実的ではなかったとうかがわれること
(ⅳ) IBMAPの繰越欠損金を使用する見込みがないとの前提で、平成19年に至るまで、米国IBMの連結財務諸表において繰延税金資産として計上しなかったこと
(ⅴ) 平成14年9月期の決算処理に際して関係者間でやりとりされたメールに「連結納税申告を申請することに前向きでない」との記載があること
(ⅵ) 欠損金の繰越期間の制限が7年に延長され、かつ、平成13年4月1日以降に開始した事業年度において生じた欠損金額にさかのぼって適用されるという平成16年度税制改正によって、はじめて、IBMAPが、連結納税の承認を受けることにより、子会社である日

本IBMの資産について時価評価することなく、平成14年の日本IBM株式の譲渡により生じた譲渡損失額を連結所得の金額の計算上損金の額に算入することが可能となったこと

エ　上記④について

　　課税当局は、実態としては米国WTに日本IBM株式の譲渡に係る取引による損益が帰属するにもかかわらず、これを形式的に内国法人に帰属させる形にするためにあえてIBMAPを介在させ、その法的性質を課税所得を有しない内国法人への配当（自己の株式の取得によるみなし配当）と外国法人への借入金の返済という2つの法形式に分解し、IBMAPに多額の税務上の有価証券譲渡損失を計上させ得る外形を作出して行われたもので、本件株式購入以前に米国WTと日本IBMとの間で行われていた日本IBMによる自己株式の取得の取引を変更すべき正当な事業上の目的がないことを併せ考慮すると、日本の法人税法が定める自己株式の取得に関する課税の計算の制度を濫用して租税回避を企図したものというべきである旨主張した。これについて、IBM事件第一審判決は、米国IBMおよびIBMAPが上記のような法的枠組みを構築して自己の株式を取得すること等を禁止する法令上の明文の規定はなく、IBM事件第一審判決において認定したその他の事実関係に照らし、課税当局の主張は認められないと判示した。

第3節 IBM事件控訴審判決において示された不当性要件についての解釈

1 IBM事件控訴審における課税当局の主張

　課税当局側は、控訴審においては、第一審とはその主張を変更して、本章第2節2(1)の①〜③の各評価根拠事実の主張を撤回した。そして、課税当局は、「不当性要件の意義について、同族会社に租税回避の意図があることは要件ではない」とした上で、法人税法132条の不当性要件が充足されるか否かは、「同族会社の行為又は計算が、経済的、実質的見地において純粋経済人の行為又は計算として不合理、不自然なもの(経済的合理性を欠くもの)と認められるかどうかにより判断すべき」であり、「同族会社の行為又は計算が、独立かつ対等で相互に特殊な関係にない当事者間で通常行われる取引(以下「独立当事者間の通常の取引」という。)とは異なり、当該行為又は計算によって当該同族会社の益金が減少し、又は損金が増加する結果となる場合には、特段の事情がない限り、経済的合理性を欠くものというべき」との解釈論を主張した。

　そして、課税当局側は、かかる不当性要件についての解釈を前提に、「本件一連の行為(米国WTによるIBMAPの持分取得、本件増資、本件融資、本件株式購入及び本件各譲渡)は、IBMグループが日本国内において負担する源泉所得税額を圧縮しその利益を米国IBMに還元すること(以下「本件税額圧縮」という。)の実現のために一体的に行ったものであるところ、本件一連の行為は、独立当事者間の通常の取引とは明らかに異なるもので経済的

合理性を欠くものであり、その結果、IBMAPは、本件税額圧縮を実現しただけでなく、本件各譲渡による巨額の有価証券譲渡に係る譲渡損失額を計上し、法人税の負担を減少させたものであるから」、不当性要件を充足すると主張した。課税当局の主張を要約すると、本件一連の行為は本件税額圧縮を目的とし、独立当事者間の通常の取引と異なる経済的合理性を欠くもので、その結果(当初の目的ではなかったものの、結果的に)、法人税の負担の減少という結果が生じているから、不当性要件を欠くというものであると考えられる。

2 IBM事件控訴審判決における「不当性要件」の解釈

IBM事件控訴審判決は、法人税法132条1項の不当性要件該当性の判断基準について、「専ら経済的、実質的見地において当該行為又は計算が純粋経済人として不合理、不自然なものと認められるか否かという客観的、合理的基準に従って判断すべき」として、IBM事件第一審判決と同様、経済的合理性基準を採用した。その上で、法人税法132条1項が「同族会社と非同族会社の間の税負担の公平を維持する趣旨であることに鑑みれば」との理由に基づき、「行為又は計算が、純粋経済人として不合理、不自然なもの、すなわち、経済的合理性を欠く場合には、独立かつ対等で相互に特殊関係のない当事者間で通常行われる取引(独立当事者間の通常の取引)と異なっている場合を含むものと解するのが相当」である旨判示した。

また、納税者側の「経済的合理性を欠く場合とは、当該行為又は計算が、異常ないし変則的であり、かつ、租税回避以外に正当な理由ないし事業目的が存在しないと認められる場合であることを要する」との主張に対し、法人税法132条1項の文言や過去の改正の経緯等を根拠として「法人税法132条1項の『不当』か否かを判断する上で、同族会社の行為又は計算の目的ないし意図も考慮される場合があることを否定する理由はないものの」、「当該行為又は計算が経済的合理性を欠くというためには、租税回避

以外に正当な理由ないし事業目的が存在しないと認められること、すなわち、専ら租税回避目的と認められることを常に要求し、当該目的がなければ同項の適用対象とならないと解することは」できない旨判示し、納税者側の主張を排斥した。また、このように解すべき理由として、「法人の諸活動は、様々な目的や理由によって行われ得るのであって、必ずしも単一の目的や理由によって行われるとは限らないから、同族会社の行為又は計算が、租税回避以外に正当な理由ないし事業目的が存在しないと認められるという要件の存否の判断は、極めて複雑で決め手に乏しいものとなり」、納税者側の主張する解釈を採用すれば、「税務署長が法人税法132条1項所定の権限を行使することは事実上困難になるものと考えられる」との点を付加している。

すなわち、IBM事件控訴審判決は、法人税法132条1項の不当性要件の判断基準として、第一審と同様、経済的合理性基準を採用した上で、経済的合理性基準をより具体化した基準としては、納税者側の主張を排斥し、課税当局側の主張をおおむね採用して、経済的合理性を欠く場合には、独立当事者間の通常の取引と異なっている場合を含むと解されるとの判断を示したものである。

3 具体的なあてはめ

上記のとおり、課税当局側は、本件一連の行為は本件税額圧縮のために一体として行われたものであるところ、本件一連の行為は独立当事者間の通常の取引とは異なるもので経済的合理性を欠く旨を主張したが、IBM事件控訴審判決は、以下のとおり、本件一連の行為は本件税額圧縮のために一体的に行われたとは認められず、また、本件各譲渡それ自体も独立当事者間の通常の取引と異なり、経済的合理性を欠くとは認められないとして、課税当局側の主張を排斥した。

① 本件一連の行為が、本件税額圧縮の実現のために一体的に行われた

ものか否か

　IBM事件控訴審判決は、IBMAPが中間持株会社となった後、IBMAPが日本IBMから利益の還元を受ける方法として、配当を受けるとしても、または自己株式の取得による金銭の交付を受ける（本件各譲渡）としても、いずれの方法によっても、米国WTが負担する日本の源泉税額が、それより以前と比較して大きく減少することは同じであり、IBMAPが日本IBMから利益の還元を受ける方法として、本件各譲渡の方法によることが本件税額圧縮という目的を実現するために必要であったわけではなく、米国IBMは、IBMAPが中間持株会社となった後は、IBMAPが日本IBMから利益の還元を受ける方法として、配当を受けるとしても、または自己株式の取得による金銭の交付を受けるとしても、いずれの方法によっても米国WTが負担する日本の源泉徴収税額は同じように軽減されることを前提とした上で、資金需要の必要性や資金効率の改善という観点から、日本IBMからの利益の還元がいかなる時期、規模、方法によることが望ましいか判断が行われていたことが明らかであると認定し、本件各譲渡が本件税額圧縮のために、米国WTによるIBMAPの持分取得、本件増資、本件融資および本件株式購入と一体的に行われたとは認められないと判示した。

　その上で、本件各譲渡とそれ以外の本件一連の行為とは、その主体、時期および内容が異なる上、上記のとおり、本件税額圧縮という共通目的の実現のために一体的に行われたとの事実も認められない以上、本件一連の行為について、全体として経済的合理性を欠くかどうかを判断することは相当ではなく、課税当局が法人税法132条1項に基づき本件各譲渡を否認したことが適法かどうかは、本件各譲渡がそれ自体で経済的合理性を欠くものと認められるかどうかによって判断されるべきものとした。

② 本件各譲渡がそれ自体で独立当事者間の通常の取引と異なるものであり、経済的合理性を欠くと認められるか

　IBM事件控訴審判決は、以下のような理由を挙げて、本件各譲渡がそれ自体で独立当事者間の通常の取引と異なるものであり経済的合理性を欠くとの課税当局側の主張は採用できないとした。

ア　課税当局側は、平成14年譲渡において当初決定されていた譲渡価額が、平成14年譲渡および平成17年譲渡において譲渡株式数が事後的に修正されたことなどを指摘して、独立当事者間の通常の取引と異なるものであり、経済的合理性を欠くと主張するが、不当性要件の充足の有無は、最終的に行われた取引の確定に至るまでの譲渡価額や譲渡株式数の修正等の事情は、独立当事者間の通常の取引とは異なる取引がされた可能性を示唆する事情にはなり得るとしても、それ自体では、最終的に行われた取引が、独立当事者間の通常の取引とは異なる取引であることを基礎づける評価根拠事実にはなり得ない。

イ　課税当局側は、本件株式購入における日本IBM株式の取得価額が本件各譲渡の時点における適正な価値を表していたものとは言いがたいのに、IBMAPがこれをそのまま本件各譲渡における譲渡価額として引き継いでいるとして、本件各譲渡は独立当事者間の通常の取引とは異なるものであり経済的合理性を欠くと主張するが、平成14年譲渡の約8か月前に行われた本件株式購入の取得価額は第三者である専門業者の作成した評価書に基づいて決定されたものであり、その算定過程および算定結果が不合理であると認めるに足りる証拠はなく、平成14年譲渡において、第三者評価を経て決定された本件株式購入における1株当たりの取得価額を直近の取引実例価額として参照し、これと同額の1株当たりの譲渡価額としたことをもって、独立当事者間の通常の取引と異なるものということはでき

ない。また、日本IBMが非上場会社であって容易に参照できる市場株価が存在しないこと、第三者評価には高額の費用を要すること等の事情に照らせば、平成15年譲渡および平成17年譲渡に当たって、本件株式購入時の取得価額と同一の価額での譲渡に応じたことをもって、独立当事者間の通常の取引と異なるとまでは認められない。

　また、取得価額と同一の譲渡価額で日本IBMによる自己株式の取得に応じても、みなし配当の額は所得の計算上益金の額に算入されないこととなる一方、日本IBM株式の譲渡にかかる譲渡損益の計算においては、益金の額に算入されないみなし配当の額が譲渡損失額となって所得の金額の計算上損金の額に算入され、課税所得を打ち消すことになるから、独立当事者間の取引であったとしても、取得価額と同一の譲渡価額で日本IBMの自己株の取得に応じる取引をすることは十分あり得る。

　そもそも、課税当局側は、本件各譲渡が独立当事者間の通常の取引と異なると主張しているにもかかわらず、独立当事者間の通常の取引であれば、どのような譲渡価額で各譲渡がされたはずであるのかについて何ら具体的な主張立証をしていない。

③　その他

　課税当局側は、IBMAPに計上された約3,995億円の有価証券譲渡に係る譲渡損失額は、法律の規定により計算上発生したみせかけの損失であり、本件一連の行為を容認することは、租税負担の公平維持という法人税法132条1項の趣旨に反する旨主張したが、IBM事件控訴審判決は、本件各譲渡事業年度においてIBMAPに多額の譲渡損失および欠損金が生じたのは、本件各譲渡に法人税法の規定を適用した結果益金に算入されないみなし配当の額がそのまま本件各譲渡に係る譲渡損失額となって、他に所得を生じるような特段の事業をしていな

いIBMAPにおいては、その金額に相当する金額が欠損金額として生じ、これが翌期以降の事業年度に繰り越されたことによるものであって、これをもって見せかけの損失であるという課税当局側の主張は、そのゆえにただちにその計上を否定すべきというものであれば、法律上の根拠を欠くものであって採用の余地はないとして、当該課税当局側の主張を排斥した。

第4節 IBM事件最高裁決定

　IBM事件最高裁決定は、IBM事件控訴審判決に対して課税当局側が行った上告受理の申立を不受理としたが、その理由は付されていない。最高裁が、上告不受理としたことを踏まえると、最高裁が、法人税法132条1項の不当性要件の意義について、IBM事件控訴審判決において示された解釈、すなわち、不当性要件の充足の有無については、経済的合理性基準に基づいて判断され、経済的合理性を欠く場合には、独立当事者間の通常の取引と異なる場合を含むとの考え方を是認したものと解することも可能である。しかしながら、最高裁は、法人税法132条1項の不当性要件について明示的な判断を示していない以上、法人税法132条1項の不当性要件の意義について、過去の最高裁判例において示された経済的合理性基準を維持すべきものとしたことは明らかであるとしても(仮に、経済的合理性基準を変更する場合には、過去の最高裁の判例と相反する判断を示すことになるから、上告を受理するものと考えられる(民事訴訟法318条1項))、それ以上に、経済的合理性基準のより具体的な内容について、IBM事件控訴審判決において示された解釈を維持すべきものとの判断をしたか否かは明らかではない。

第5節 IBM事件控訴審判決において示された法人税法132条1項の不当性要件の解釈についての考察

　IBM事件第一審判決は、法人税法132条1項の不当性要件の解釈については、経済的合理性基準によりその充足の有無が判断されることを述べたのみであり、従来の判例において示されてきた考えを踏襲するものであって、特にここで述べるべき点はない。

　一方、IBM事件控訴審判決は、法人税法132条1項の不当性要件の解釈について、経済的合理性基準を採用したものの、経済的合理性基準のより具体的な内容として、同族会社の行為または計算が独立当事者間の通常の取引と異なる場合には、特段の事情がない限り経済的合理性を欠くとの解釈を示したこと、さらに、経済的合理性を欠くというためには、租税回避以外に正当な理由ないし事業目的が存在しないと認められること、すなわち、もっぱら租税回避目的と認められることが常に要求されるものではないとの解釈を示したことの2点において、従来の裁判例において示された法人税法132条の不当性要件の解釈とは異なっており、そのような解釈については批判も多い[5]。

　IBM事件控訴審判決において示された法人税法132条1項の不要性要件についてのこのような解釈については、実務的な観点から、第2編においてより詳しく検討することとし、ここでは、以下の問題点を指摘するにとどめたい。

---

[5] 例えば、太田洋『IBM事件東京高裁判決の検討』国際税務35巻9号(2015) 80頁等

すなわち、IBM事件控訴審判決は、経済的合理性を欠く場合には、独立当事者間の通常の取引と異なっている場合を含むとしているが、同族会社がグループ会社との間で行う取引については、多かれ少なかれ、独立当事者間の取引とは異なる面がある場合が多いとも考えられることからすると、同族会社がグループ会社との間で行う取引についてはその相当部分の取引が不当性要件を満たすとの解釈もあり得るところではないかと考えられ、不当性要件を充足する範囲が過度に広がってしまうとの懸念が生じるのである。この点、IBM事件控訴審判決が、具体的なあてはめに際し、独立当事者間の通常の取引と異なるか否かについては最終的に行われた取引を対象として判断されるべき旨を述べていること、課税当局が独立当事者間の通常の取引であればどのような譲渡価格で本件各譲渡がされたはずであるのかについて具体的な主張立証をしていないことを捉えて、課税当局の主張を、親子会社間でなければ本件各譲渡をすることができなかったという意味で独立当事者間の通常の取引と異なるとの主張であると解していることに照らすと、IBM事件控訴審判決の判示する独立当事者間の通常の取引とは異なる場合とは、最終的に実行された取引について、その取引価格が独立当事者間の通常の取引価格と異なる場合か、そもそも独立当事者間であればそのような取引自体を行わない場合であり、最終的な取引に至るまでの経緯において独立当事者間の通常の取引と異なる面があったとしても、それだけで独立当事者間の通常の取引と異なる取引には該当しないということになると考えられる。したがって、IBM事件控訴審判決を前提とした場合でも、独立当事者間の通常の取引と異なっている場合とは、その取引価格が独立当事者間の取引価格とは異なる場合か、そもそも独立当事者間であればそのような取引を実行しない場合であり、その範囲には一定の限度が存在することとなると考えられる。しかしながら、具体的に、そもそも独立当事者間であればそのような取引を実行しない場合とはどのような場合であるのか必ずしも明らかではなく、IBM事件控訴審判決にお

ける具体的なあてはめを考慮するとかなり限定的な場合であるとは解されるものの、考え方次第ではグループ間であるからこそ行われる取引の範囲は相当広いものとなるとも考えられることから、不当性要件が充足される範囲が相当程度広範なものとなる可能性も完全には否定できない。

　IBM事件控訴審判決は、法人税法132条1項が同族会社と非同族会社の間の税負担の公平を維持する趣旨であることのみを理由として、経済的合理性を欠く場合には独立当事者間の通常の取引と異なっている場合を含むとの解釈は導いた上、当該解釈は、経済的合理性基準をより具体化するものであるから、租税法律主義に反しないことは明らかであるとする。しかしながら、非同族会社であっても、グループ間取引においては、独立当事者間の通常の取引とは異なる取引を行うことは可能であり、同族会社と非同族会社の間の税負担の公平を維持するという理由だけで、上記解釈を導くことには論理の飛躍があるように思われるし、取引が独立当事者間の通常の取引とは異なる場合との基準が、経済的合理性基準を具体化するものといえるほどその内容が明らかであるともいえないように思われるのである。

第2編
「不当性要件」についての実務的な観点からの検討

　第1編において、ヤフー・IDCF事件およびIBM事件の各裁判において示された「不当性要件」の意義および各事件における具体的なあてはめについての裁判所の判示内容を詳述したが、ヤフー・IDCF事件最高裁判決が示した「濫用基準」についても、また、IBM事件に関して第一審判決および控訴審判決が示した「経済的合理性基準」についても、その具体的な内容は必ずしも明確とまではいえず、実務上、具体的な取引や組織再編成に係る行為について、それらの基準に該当し、否認の対象となるのか否かを判断することは必ずしも容易であるとはいえないように思われる。

　本編においては、ヤフー・IDCF事件およびIBM事件について、実務的な観点から検討を加えることにより、ヤフー・IDCF事件およびIBM事件の各裁判において示された「不当性要件」の意義に関して、実務の観点から参考となると考えられる点について検討を行うこととする。

ヤフー・IDCF事件 最高裁判決が 理解する事件の構図

　第2編第1章では、ヤフー・IDCF事件について、最高裁が判決において示した事件の構図が、法人税の負担を減少させることを目的としたスキームとして実行された組織再編成であるというものであると理解されることを示した上で、そのような最高裁判所の認定が持つ実務上の意味について検討することとする。

1 ヤフー事件最高裁判決が理解する事件の構図

　ヤフー事件最高裁判決は、ヤフー事件において問題となった組織再編成について、ソフトバンクによる平成20年11月の本件提案において提案された手順を基礎として、ヤフーが、ソフトバンクからIDCSの発行済株式全部を譲り受けてIDCSを完全子会社とした上で、その約1か月後にIDCSを法人税法2条12号の8イの適格合併として吸収合併すること（本件合併）により、法人税法57条2項に基いてIDCSの利益だけでは容易に償却し得ない約543億円もの未処理欠損金額をヤフーの欠損金額とみなし、これをヤフーの損金に算入することによりその全額を活用することを意図して、同21年3月30日までのごく短期間に計画的に実行されたものというべきとしている。そして、IDCSの未処理欠損金額をヤフーの欠損金額として引き継ぐためには、法人税法施行令112条7項5号の特定役員引継要件を満たすことによってみなし共同事業要件を満たす必要があり、本件副社長就任は、法人税の負担を減少させことを目的として、特定役員引継要件を満たすことを意図して行われたものであることは明らかとした。

　すなわち、最高裁は、ヤフー事件は、そのままでは償却が不可能となるIDCSの未処理欠損金額を活用することによってヤフーの法人税の負担を減少させることを目的として組織再編成に係る行為が計画され、その計画の一環として本件副社長就任が行われたものと認定しているのである。

2 IDCF事件最高裁判決が理解する事件の構図

　IDCF事件最高裁判決は、IDCF事件において問題となった組織再編成にかかる一連の行為である本件分割、IDCF株式譲渡、IDCS株式譲渡および本件合併について、ソフトバンクによる平成20年11月の本件提案における手順を基礎として、ソフトバンクの完全子会社であるIDCSの未処理欠損金額のうち平成22年3月期以降は損金に算入することができなくなる約124

億円を余すところなく活用するため、IDCSに本件分割を行わせることにより、償却することができない未処理欠損金額約100億円に相当する譲渡益を発生させ、これにより上記未処理欠損金額のうち約100億円を償却し、他方でIDCFに法人税法62条の8・1項に基づく上記譲渡益相当額と同額の資産調整勘定の金額を発生させることにより、上記未処理欠損金額のうち上記約100億円をIDCFの資産調整勘定の金額に転化させ、IDCFにおいてこれを以後60か月にわたり償却し得るものとするため、平成21年3月30日までのごく短期間に計画的に実行されたものであるとしている。そして、IDCSに約100億円の譲渡益を発生させ、IDCFに同額の資産調整勘定の金額を発生させるためには、本件分割が当事者に譲渡損益を生じさせる非適格分割である必要があったことから、本件分割をあえて非適格分割とするために、本件分割とIDCS株式譲渡の間にIDCF株式譲渡を行う計画が立てられ、その計画どおり実行されたものとみることができるとした。

　すなわち、最高裁は、IDCF事件は、IDCSの未処理欠損金額のうち、平成22年3月期以降は損金に算入することができなくなる約124億円を余すことなく活用することによってIDCFの法人税の負担を減少させるために、組織再編成に係る行為が計画され、その計画に基づいて本件分割、IDCF株式譲渡、IDCS株式譲渡および本件合併が実行されたものと認定しているのである。

3 税負担軽減目的の組織再編成

　このように、最高裁は、ヤフー事件およびIDCF事件は、そのままでは損金に算入して活用することが困難であったIDCSの未処理欠損金額を、ヤフーの欠損金として引継ぎ、また、IDCFの資産調整勘定の金額に転化させることによって、余すことなく活用することでヤフーおよびIDCFの法人税の負担を減少させることを目的として、本件副社長就任が実施され、また、本件分割が非適格分割に該当するような手順を用いて一連の組

織再編行為が実行されたものと認定しているものと考えられるのである。言い換えれば、最高裁は、ヤフー・IDCF事件について、法人税の負担を減少させることを目的とした、いわば、タックス・ドリブンの組織再編成として計画され、実行されたものであるとの認定を行ったと考えられるのである。

そして、このような法人税の負担を減少させることを目的として組織再編成に係る行為が計画され、実行されたということが、最高裁が導いた結論にとって重要なポイントとなったように考えられるのである。

4 課税当局の主張するヤフー・IDCF事件の構図

最高裁がこのような認定を行ったのは、審理の過程において課税当局側や納税者側から提出された関係証拠に基づくものであり、課税当局においても基本的には同様の認定を行っていたものと推測される。さらにいえば、課税当局が、税務調査の過程で得た情報および資料を前提として、税務調査の時点で、問題となっている組織再編成に係る行為が、IDCSの未処理欠損金額を余すことなく活用することによってヤフーやIDCFの法人税の負担を減少させることを目的として行われたものであるとの心証を得たであろうことは容易に推測できる。課税当局が現実に更正処分を実施するまでには慎重な考察が行われ、種々の論点が検討されたものと考えられるが、税務調査の過程で、問題となっている組織再編成が法人税の負担を減少させることを目的として計画され、当該計画に基づいて実行されたものであるという心証を持ったことが重要なポイントとなっていることは想像にかたくない。

実際、ヤフー事件第一審判決において被告である課税当局側の主張として記載されているところによれば、課税当局側は、本件提案について、IDCSの未処理欠損金を漏れなくソフトバンクグループ内で活用可能とするために、IDCSの未処理欠損金約666億円のうち、繰越期限の迫った約

124億円についても活用が可能となるスキームとして提案されたものあるとし、その後、本件提案に従って一連の組織再編成が行われたものと主張している。その上で、ヤフー事件に関しては、本件副社長就任について、IDCSの未処理欠損金額の引継ぎを実現するため、意図的な組織再編成スキームの一環として発案されたものであり、本件副社長就任が、事業上の理由が希薄であるにもかかわらず特定役員引継要件を形式的に充足させるという税務上の目的を達成するためにあえて行われた行為であると認められる旨の主張を行っている。

また、IDCF事件に関しては、IDCF事件第一審判決において被告である課税当局側の主張として記載されているところによれば、課税当局側は、本件分割から本件合併までの一連の行為は、本件提案の時点であらかじめ計画されていたものであり、IDCSは、IDCS株式譲渡によりヤフーの完全子会社となることが予定されていたのであるから、そのわずか4日前に、あえてIDCF株式譲渡を行い、IDCFがヤフーの完全子会社となることに特段の事業上の必要性はないことは明らかで、IDCF株式譲渡は、本件分割が非適格分割であるかのような外形を作出することにより、平成21年3月期で期限切れとなる平成14年3月期において発生した未処理欠損金額約124億円をIDCSにおいてもれなく利用するとともに、IDCFに資産調整勘定を生じさせ、これを5年間にわたって減額し損金の額に算入することで、IDCFの法人税の負担を減少させるために計画されたものである旨の主張を行っている。

このような課税当局側の主張と最高裁が認定したところを比較してみればわかるとおり、最高裁は、課税当局側の主張するところをほぼそのまま採用して、ヤフー事件およびIDCF事件の構図を認定したものということができる。

5 実務上のポイント

　このような最高裁の認定するヤフー事件・IDCF事件の構図、さらには、課税当局側のヤフー事件・IDCF事件についての見方を前提にすると、実務的には、法人税の負担を減少させることを目的としたスキームとして、あらかじめ立てられた計画に沿って実行される組織再編成については、課税当局側において、法人税法132条の2の不当性要件を満たす可能性があるのではないかとの疑問をもつ可能性がきわめて高いと考えるべきであり、否認の対象となるリスクが高いということを認識すべきであるということになると考えられる。さらに、そのような場合には、裁判所の判断においても、法人税法132条の2の不当性要件を充足するものとされるリスクは高いものと認識すべきであろう。また、タックス・ドリブンの組織再編成であるとするならば、納税者側においても、法人税法132条の2の適用を受けることについて予測可能性が認められるのが通常であると考えられる。

　もちろん、法人税の負担を減少させることを目的としたスキームとして、あらかじめ立てられた計画に沿って実行される組織再編成であっても、法人税法132条の2の適用対象とならない場合も存在するであろうが、課税当局において不当性要件を充足するのではないかとの見通しの下に税務調査を進めることになるであろうし、基本的には、更正処分の対象となる可能性が高いものと考えるべきであろう。

第2章

ヤフー・IDCF事件 最高裁判決から読み取る 濫用基準の実務上のポイント

　第2編第2章では、ヤフー・IDCF事件最高裁判決において示された濫用基準の内容を検討し、実務的な観点から、濫用基準を充足するものとして否認の対象となることを避けるという意味で重要と考えられるポイントについて検討を加えることとする。

1 濫用基準についての考え方

　ヤフー事件・IDCF事件最高裁判決は、法人税法132条の2の不当性要件の意義について、濫用基準を採用し、濫用の有無の判断において考慮すべき事情として、①行為または計算が、通常は想定されない不自然なものであるかどうか、②税負担の減少以外の合理的な理由となる事業目的その他の事由が存在するかどうか、の2点を例として挙げ、それらの事情を考慮した上で、当該行為または計算が組織再編成を利用して税負担を減少させることを意図したものであって、組織再編税制に係る各規定の本来の趣旨および目的から逸脱する態様でその適用を受けるものまたは免れるものと認められるか否かという観点から判断すると判示した。当該判示から、最高裁が、濫用基準を充足するか否かを判断する要素の1つとして「税負担の減少以外に、当該行為又は計算を行うことの合理的な理由となる事業目的その他の事由が存在する」と認められるか否かということを考慮するとの考え方を示していることは明らかである。また、最高裁の判示によれば、事業目的その他の合理的な理由が存在するか否かの検討の対象となるのは、組織再編成に係る一定の行為または計算であるものと解される。

　最高裁がヤフー事件およびIDCF事件の構図として認定したように、法人税の負担を減少させることを目的としたスキームとして、あらかじめ立てられた計画に沿って組織再編成が実行されたと認められる場合は、そもそも法人税の負担を減少させることを目的とした計画に基づいてなされた行為・計算について、法人税の負担の減少以外の事業目的その他の事由が存在しないことは明らかであり、税負担の減少以外の合理的な理由となる事業目的その他の事由が存在しないとの事情が認定されることとなる。

　また、法人税の負担を減少させることを目的としたスキームとして、あらかじめ立てられた計画に沿って組織再編成が実行されたものではなく、組織再編成を行うこと自体については事業目的その他の事由が存在する場

合であっても、当該組織再編成にかかる一定の行為または計算について、税負担の減少以外に当該行為または計算を行うことの合理的な理由となる事業目的その他の事由が存在しない場合には、濫用基準への該当性を考える上では、「税負担の減少以外の合理的な理由となる事業目的その他の事由が存在しない」旨の事情が認定されることとなると解される。

最高裁の判示する濫用基準は、「行為又は計算が、組織再編成を利用して税負担を減少させることを意図したものであって、組織再編税制に係る各規定の本来の趣旨及び目的から逸脱する態様でその適用を受けるもの又は免れるものと認められるか否かという観点から判断する」ものであり、当該判断において考慮すべき事情として、①行為または計算が、通常は想定されない不自然なものであるかどうか、②税負担の減少以外の合理的な理由となる事業目的その他の事由が存在するかどうか等の点が挙げられている。したがって、濫用基準を満たすというためには、これら2点の事情を考慮の上で、「行為又は計算が、組織再編成を利用して税負担を減少させることを意図したものであって、組織再編税制に係る各規定の本来の趣旨及び目的から逸脱する態様でその適用を受けるもの又は免れるもの」と認定されなければならない。

これを実務的な観点から見た場合、納税者としては、税負担の減少以外の合理的な理由となる事業目的その他の事由が存在するとの事情が認められるならば、すなわち、法人税の負担を減少させることを目的としたスキームとして、あらかじめ立てられた計画に沿って組織再編成が実行されたものではなく、税負担の減少以外の事業目的その他の事由に基づいて組織再編成が計画され、かつ、当該組織再編成にかかる行為または計算についても、税負担の減少以外に当該行為または計算を行うことの合理的な理由となる事業目的その他の事由が存在する場合には、他の事情を考慮するまでもなく、濫用基準を充足しないものと考えることができるものと解せられる。

したがって、組織再編成を税負担の減少を目的としたスキームとしてあらかじめ立てられた計画に基づいて実施する、あるいは、事業上の目的等に基づいて組織再編成を実行する際して、税負担の減少のみを目的として一定の行為または計算を実施するという場合でなければ、濫用基準を充足し、法人税法132条の2の不当性要件を満たすものとして否認の対象となることはないと考えることができるのである。言い換えれば、実務上、事業上の目的に基づいた組織再編成を通常の手順・方法で実行する限りにおいては、法人税法132条の2が適用され、否認の対象となることはないといえるのである。事業上の目的に基づいた組織再編成を、特段税負担を減少させるということを意識することなく、通常の手順・方法で実行する限りにおいては、法人税法132条の2が適用されることはないといえるのであれば、納税者の立場からは、法人税法132条の2の適用についての予測可能性が一定程度確保されることとなる。

2　実務上問題となる場合

　1において記載したように、事業上の必要性ないし合理的な事業上の目的に基づいた組織再編成を通常の手順・方法で実施している限りにおいては、濫用基準を充足し、法人税法132条の2の不当性要件を満たすことはないと考えられるが、税負担も事業上のコストであることからすれば、組織再編成を実施する際してはできる限り税負担というコストがかからない方法で実施することが合理的であり、実務的には、税負担というコストが最もかからない方法で実施するという場合に、組織再編成にかかる行為または計算について、税負担の減少以外に当該行為または計算を行うことの合理的な理由となる事業目的その他の事由が存在する場合に該当するのか否かが問題となるような場合も考えられる。
　例えば、事業上の目的に基づいて組織再編成を実施する際して、同じ目的を達成するための組織再編成の手法として複数の手法が考えられ、い

ずれの手法を採用するかによって、法人税額の計算に差が生じるというようなケースは、実務上容易に想定されるところであり、その場合に、例えば、法人税の額がより少なくなるような手法を用いた場合、「税負担の減少以外に当該行為又は計算を行うことの合理的な理由となる事業目的その他の事由が存在しない場合」に該当することにならないかということが問題となるのである。

この点に関しどのように考えるのかについては、ヤフー・IDCF事件最高裁判決における判示の内容からは必ずしも明らかではないと思われる。したがって、実務的には、上記のようなケースにおいては「税負担の減少以外に当該行為又は計算を行うことの合理的な理由となる事業目的その他の事由が存在しない場合」に該当するものとされる可能性があるということを前提として、法人税の額がより少なくなるような手法を用いることが、「通常は想定されない組織再編成の手順や方法に基づいたり、実態と乖離した形式を作出したりするなど、不自然なものであるかどうか」という事情を考慮した上で、最終的には、それが、組織再編税制に係る各規定の本来の趣旨および目的から逸脱する態様でその適用を受けるものまたは免れるものと認められるかという観点から、濫用基準を充足するか否かを検討せざるを得ないであろう。

3 組織再編成にかかる行為・計算が不自然な場合

そこで本項では、「通常は想定されない組織再編成の手順や方法に基づいたり、実態と乖離した形式を作出したりするなど、不自然なものである」という事情が認められる場合とは、どのような場合であるのか、実務的な観点からの検討を試みることとする。

まず、この点について、ヤフー事件およびIDCF事件における最高裁の判示内容に基づいて検討する。

最高裁は、ヤフー事件に関して、第1章において記載したとおり、認定

された事実に基づいて、本件副社長就任は、法人税の負担を減少させることを目的として、特定役員引継要件を満たすことを意図して行われたもので、税負担の減少以外にその合理的な理由といえるような事業目的等があったとは言いがたいと認定し、その上で、本件副社長就任の経緯、副社長としての在任期間やその業務内容等に照らし、本件副社長就任は、A氏がヤフーの代表取締役の地位にとどまっていさえすれば、特定役員引継要件が満たされることとなるよう企図されたものであって、実態と乖離した特定役員引継要件の形式を作出する明らかに不自然なものと認定している。

　また、最高裁は、IDCF事件に関しては、IDCF株式譲渡について、認定された事実に基づき、IDCF株式譲渡を行うことにつき、税負担の減少以外に事業目的等があったとは考えがたいと認定し、さらに、本件分割は、平成22年3月期以降は損金に算入することができなくなるIDCSの未処理欠損金額約100億円をIDCFの資産調整勘定に転化させ、IDCFにおいてこれを以後60か月にわたり償却し得るものとするため、本来必要のないIDCF株式譲渡を介在させることにより、実質的には適格分割というべきものを形式的に非適格分割とするべく企図されたものといわざるを得ず、通常は想定されない組織再編成の手順や方法に基づくものであるのみならず、これにより実態とは乖離した非適格分割の形式を作出するものであって、明らかに不自然と認定している。

　これらのヤフー事件・IDCF事件最高裁判決における判示からすると、「行為又は計算が、通常は想定されない組織再編成の手順や方法に基づいたり、実際とは乖離した形式を作出したりするなど、不自然なもの」に該当するものといえるためには、それが、税負担の減少以外に合理的な理由と言えるような事業目的等が存在しないような行為または計算であるということが前提となっているように考えられる。

　したがって、例えば、事業上の目的に基づいて組織再編成を実行するに

際して、当該組織再編成の実現自体のために必要とはいえないものの、一定の行為を実行することによって税負担を減少させることができることから、税負担を減少させることを目的として、当該行為を実行することにより法人税の負担を減少させた場合には、濫用基準を満たすことにより、法人税法132条の2の不当性要件に該当するとされる可能性が生じるということになる。事業上の目的に基づいて組織再編成を実施するに際して、同じ目的を達成するための組織再編成の手法として複数の手法が考えられ、いずれの手法を採用するかによって、法人税額の計算に差が生じるというようなケースにおいて、法人税の負担を減少させることを目的として、事業目的など合理的な理由もなく一定の行為を実施するという手法を採用した場合には、濫用基準を満たす可能性が生じるものといわざるを得ないのである。

　逆にいえば、事業上の目的に基づいて組織再編成を実行し、事業上の目的など合理的な理由のある行為を実施している限りにおいては、組織再編成に係る法人税法の規定が適用されることによって、法人税法の負担の減少が生じることがあったとしても、濫用基準を満たすことにはならないということができ、実務的には、法人税法132条の2の適用に関するある程度明確な基準となるものと思われる。

　もちろん、組織再編成を実行するに際して、法人税の負担を減少させることを目的として、事業目的など合理的な理由もなく一定の行為を実施した場合であっても、当該行為に適用され、あるいは、適用を免れることとなる組織再編税制にかかる規定の本来の趣旨および目的から逸脱するものとはいえない場合には、濫用基準は充足されず、法人税法132条の2の不当性要件を満たすことにはならない。したがって、組織再編成を実行するに際して、法人税の負担を減少させることを目的として、事業目的など合理的な理由もなく一定の行為を実施した場合すべてが、濫用基準を充足することにはならないことはいうまでもない。ただ、組織再編成を実行する

に際して、法人税の負担を減少させることを目的として、事業上の必要性や事業目的など合理的な理由もなく一定の行為を実施することを避けることで、濫用基準の充足を避けることができ、組織再編成にかかる規定の本来の趣旨および目的から逸脱するものといえるか否かという、実務上必ずしも判断が容易ではない点を考慮することなく、法人税法132条の2の適用を回避できるという点に実務的な意味が存在するのである。

4 ヤフー・IDCF事件の事例について

　ヤフー事件においては、本件副社長就任に関して、以下のような客観的な事実関係が認定されている。

① 本件合併においてIDCSの未処理欠損金をヤフーに引き継ぐためには、いわゆるみなし共同事業要件（法人税法57条3項）を満たさなければならず、さらに、本件合併においてみなし共同事業要件を満たすためには特定役員引継要件を満たさなければならない状況にあったこと

② 本件副社長就任は、本件提案が示された後、ソフトバンク代表取締役社長S氏からA氏に対して依頼がなされていること

③ 本件副社長就任から、IDCS株式譲渡によりIDCSとヤフーとの間に特定資本関係が発生するまでの期間がわずか2か月であること

④ A氏は取締役副社長となったものの、代表権のない非常勤の取締役であった上、具体的な権限を伴う専任の担当業務を有していたわけでもなく、IDCSから役員報酬も受領していなかったこと

　このような事実が認められることを前提とすれば、本件副社長就任については、客観的に見て、きわめて不自然であり、みなし共同事業要件を満たすことを目的として実行されたものであろうと考えるのが当然であろうと思われる。このような事実が認められたとしてもなお、本件副社長就任が事業上の必要性等の合理的な理由に基づいてなされたものであり、また、本件副社長は実態に即したもので不自然な点はないとの主張が課税当局や

裁判所に認められると考えるのは、やはり無理があるように思われる。

ヤフー事件においては、納税者側としては、本件副社長就任が、事業上の目的に基づいてなされたものであって、本件副社長就任は実態に即しており不自然な点はないというような主張が課税当局や裁判所に認められると考えていたということではなく、法人税の負担の減少を目的とした不自然な行為であったとしても、組織再編税制にかかる法令に規定された要件を充足する以上、文理解釈に基づいて、当該法令に規定された効果が認められるはずであると考えていたのではないかと思われる。

また、IDCF事件においては、以下のような客観的な事実関係が認定されている。

① IDCSの未処理欠損金のうち、平成22年3月期以降は損金に算入できなくなるものが約124億円あり、そのうち約100億円については、IDCSの当期利益により償却できないものであったこと

② 本件分割が非適格分割であるとされたことにより、IDCSに譲渡益約100億円が生じ、また、IDCFに約100億円の資産調整勘定が計上されたこと

③ 本件分割後にIDCF株式譲渡を行うことを予定することにより、本件分割について、分割後に分割法人と分割承継法人との間に当事者間の完全支配関係等が継続しないとして、非適格分割であるとされたこと

④ IDCF株式譲渡の4日後にIDCS株式の譲渡が行われることによって、IDCSとIDCFは共にヤフーの完全子会社となり、かつ、その約1か月後に本件合併が行われていること

このような事実が認められることを前提とすると、本件分割とIDCS株式譲渡の間にIDCF株式譲渡を行ったことは、客観的にみて不自然であり、IDCSの未処理欠損金額約100億円をIDCFの資産調整勘定に転化させ、これを60か月にわたり償却し得るものとすることを目的として実行されたも

のであろうと考えるのが自然であろうと思われる。このような事実が認められたとしてもなお、本件分割、IDCF株式譲渡、IDCS株式譲渡という手順の組織再編成が、事業上の必要性等の合理的な理由に基づいてなされたものであって、その手順に不自然な点はないとの主張が課税当局や裁判所に認められると考えるのは、やはり無理があるように思われる。納税者側としても、このような手順でなされた組織再編成について、事業上の必要性等合理的な理由に基づくものであり、その手順になんら不自然な点はないという主張が、課税当局や裁判所に認められると考えていたということではなく、たとえ法人税の負担を減少させることを目的とした手順での組織再編成であったとしても、法人税法の規定に基づき非適格分割に該当するものである以上は、文理解釈に基づき、非適格分割に適用される法人税法の規定に基づく効果が認められるはずだと考えていたのではないかと思われる。

　ヤフー・IDCF事件最高裁判決の判示から、法人の行為または計算によって、法人税法に規定された課税減免のための要件を形式的には満たし、または法人税法に規定された課税要件を形式的には満たさないこととなり、その結果、法人税の負担が減少する場合において、濫用基準を満たす場合には、法人税法132条の2の規定が適用されることによって、法人税の負担の減少という効果が生じないこととなる可能性があることが明らかになったのであり、この点は自明のことかもしれないが、形式的に課税減免の要件を満たし、あるいは、課税要件を満たさないこととすれば、税負担の軽減は実現することを前提とした解釈に対して警鐘を鳴らすものとして、実務的には重要な視点であると考えられる。

5　ヤフー・IDCF事件の事例から導かれる実務的な視点

　また、濫用基準を充足するか否かの判断において考慮すべき事情として、①当該法人の行為または計算が、通常は想定されない組織再編成の手

順や方法に基づいたり、実態とは乖離した形式を作出したりするなど、不自然なものであるかどうか、②税負担の減少以外にそのような行為または計算を行うことの合理的な理由となる事業目的その他の事由が存在するかどうか等の点があり、したがって、そのような行為または計算を行うことの合理的な理由となる事業目的その他の事由が存在する場合には、基本的に、濫用基準を充足するものとされることはなく、法人税法132条の2が適用されることはないということが実務的に重要なポイントとなる。

　すなわち、行為または計算について、そのような行為または計算を行うことの合理的な理由となる事業上の必要性や事業上の目的が明確に認められる場合には、当該行為または計算が、通常は想定されない組織再編成の手順や方法に基づいたり、実態とは乖離した形式を作出したりするなど、不自然なものであるかどうかの検討に入るまでもなく、濫用基準を充足せず、したがって、不当性要件を満たさないとの判断が可能となるのである。行為または計算について、そのような行為または計算を行うことに合理的な理由となる事業上の必要性や事業上の目的が認められない場合に、はじめて、さらに、当該行為または計算が、通常は想定されない組織再編成の手順や方法に基づいたり、実態と乖離した形式を作出したりするなど、不自然なものであるかどうかについての判断が行われることとなると考えられるのである。そして、行為または計算について、合理的な理由となる事業上の必要性や事業上の目的が認められない場合であっても、当該行為または計算が不自然なものであると認められなければ、言い換えれば、当該行為または計算に適用される組織再編税制に係る各規定の本来の趣旨および目的から逸脱する態様でその適用を受けるもの、またはまぬがれるものと認められなければ、不当性要件を充足することにはならないものと考えられるのである。

　当該法人の行為または計算が、通常は想定されない組織再編成の手順や方法に基づいたり、実態とは乖離した形式を作出したりするなど、不自然

なものであるとの事情が認められるか否かについては、個々の事例に応じた判断が必要となり、必ずしも明確ではないものの、ヤフー事件における本件副社長就任、IDCF事件における本件分割、IDCF株式譲渡、IDCS株式譲渡、本件合併という一連の手順および方法が、いずれも、不自然なものであるとされたことが参考になると考えられる。すなわち、ヤフー事件における本件副社長就任、IDCF事件における組織再編成の手順および方法について客観的に認められる事実を前提としたときに、それが実態とは乖離した形式を作出し、あるいは、通常は想定されない組織再編成の手順や方法であるという感覚を持っているということが実務的には重要であるということになると思われるのである。

　ヤフー事件における本件副社長就任やIDCF事件における組織再編成の手順および方法について、客観的に認められる事実を前提として、そこに不自然な点をまったく感じないということであるとすると、課税当局や裁判所の判断を大きく見誤ってしまう結果となるのであり、実務家としての感覚としては問題であるといわざるを得ないであろう。

第3章
ヤフー・IDCF事件控訴審判決についての実務的な検討

　ヤフー・IDCF事件控訴審判決(第一審判決についても同様)において示された不当性要件の解釈については、納税者の予測可能性を害し、租税法律主義との関係で疑問があるとの批判もあるが、そのような解釈が示されたことのもつ意味について検討を加えることによって、ヤフー・IDCF事件控訴審判決で示された解釈に関して、実務的な観点から考慮すべきポイントについて検討を加えることとする。

第1節 ヤフー・IDCF事件控訴審判決による不当性要件への疑問

　ヤフー・IDCF事件控訴審判決(ヤフー・IDCF事件第一審判決についても実質的には同じことがいえる)は、法人税法132条の2の不当性要件について、経済的合理性基準および趣旨・目的基準によって判断するとした上で、組織再編成を構成する個々の行為について個別にみると事業目的がないとはいえないような場合であっても、当該行為または事実に個別規定を形式的に適用したときにもたらされる税負担減少効果が、組織再編成全体としてみた場合に組織再編税制の趣旨・目的に明らかに反し、または個々の行為を規律する個別規定の趣旨・目的に明らかに反するときは、趣旨・目的基準に該当するとし、その上で、組織再編成を構成する個々の行為について個別にみると事業目的がないとはいえないような場合であっても、当該行為または事実に個別規定を形式的に適用したときにもたらされる税負担減少効果が、組織再編成全体としてみた場合に組織再編税制の趣旨・目的に明らかに反し、または個々の行為を起立する個別規定の趣旨・目的に明らかに反するときは、不当性要件を満たすとの解釈を示した。このようなヤフー・IDCF事件控訴審判決の法人税法132条の2の不当性要件についての解釈については、第2編第2章第10節において記載したとおり、納税者の予測可能性を害し、租税法律主義との関係で疑問があるといわざるを得ない。これに対し、ヤフー・IDCF事件最高裁判決は、不当性要件について濫用基準に基づいて判断するとの解釈を示し、税負担の減少以外にそのような行為または計算を行うことの合理的な理由となる事業目的その他の事

由が存在するかどうかという事情を考慮するとの判断を示した点で、ヤフー・IDCF事件控訴審判決の不当性要件の解釈を変更し、納税者の予測可能性を高めるものであると考えられる。

ヤフー・IDCF事件控訴審判決の判示についての実務的な視点

第2節

　このように、ヤフー・IDCF事件控訴審判決における不要性要件についての判示は、本章第1節でも記載したとおり、納税者の予測可能性を害し、租税法律主義との関係で疑問があるといわざるを得ないが、実務的な観点からは、裁判所がなぜそのような解釈を示したのかについて、理解できる部分もあると思われる。以下、納税者側の主張と対比しながら、ヤフー・IDCF事件控訴審判決において示された不当性要件についての解釈に関し、実務的な観点で、どのように理解することが可能なのかについて考えてみることとしたい。

1　納税者側の主張

　納税者側は、法人税法132条の2の不当性要件について、「純経済人の行為として不合理・不自然な行為によって法人税の負担が減少した場合を指し、純経済人の行為として不合理・不自然とは、行為が異常ないし変則的で、かつ、租税回避以外に正当な理由ないし事業目的が存在しない場合をいうと解すべき」と主張していた。

　第1編第3章において記載したとおり、IBM事件第一審判決およびIBM事件控訴審判決は、法人税法132条の不当性要件について、経済的合理性基準を採り、経済的、実質的見地において当該行為または計算が純粋経済人の行為として不合理、不自然なものと認められるか否かを基準として判定すると判示しており、これは、従来の判例において示された考え方を

踏襲するものである。納税者側の主張は、法人税法132条の2の不当性要件についても、法人税法132条の不当性要件と同様、経済的合理性基準に従って判断されるべきとするものである。

また、経済的合理性を欠く場合について、有力な学説[6]が、「行為・計算が経済的合理性を欠いている場合とは、それが異常ないし変則的で、租税回避以外にそのような行為・計算を行ったことにつき、正当な理由ないし事業目的が存在しないと認められる場合のこと」としていることに基づき、納税者側は、法人税法132条の2の不当性要件に適用される経済的合理性基準の内容についても、法人税法132条の不当性要件と同様の解釈が当てはまるものと主張したものであると考えられる。

2 ヤフー・IDCF事件控訴審判決について

ヤフー事件控訴審判決は、上記納税者側の主張する経済的合理性基準が法人税法132条の2の不当性要件には当てはまらないことの根拠として、「（法人税）法132条の2により対処することが予定されている第1の類型は、繰越欠損金等を利用する組織再編成における租税回避行為であるところ、そもそも、繰越欠損金自体には資産性はなく、それが企業間の合併で取引の対象となり得るのは、租税法がその引継ぎを認めることの反射的な効果にすぎないのであり、企業グループ内における繰越欠損金の取引を含む組織再編成それ自体についていかに正当な理由や事業目的があったとしても、（法人税）法57条3項が定める要件を満たさないのであれば、未処理欠損金額の引継ぎは認められない。したがって、上記の類型に属する租税回避行為の不当性の有無については、上記組織再編成それ自体についての経済的合理性や事業目的の有無といった基準によって判断することはできず、上記組織再編成が『租税回避以外に正当な理由ないし事業目的が存在

---

6 前掲金子478頁。

しないと認められる』か否かという基準は、それのみを唯一の判断基準とすることは適切ではないといわざるを得ない」と述べている（なお、この点は、IDCF事件控訴審判決においてもほぼ同様の内容が述べられている）。

すなわち、ヤフー事件控訴審判決は、法人税法132条の2の適用が想定されている1つの類型である、繰越欠損金の引継ぎを利用した行為に関して、繰越欠損金の引継ぎは、法人税法の規定によって創設されたものであって、繰越欠損金の引継ぎを認めることが不当といえるか否かの判断については、繰越欠損金の引継ぎを認める法人税法上の規定を創設した趣旨・目的に照らして判断することが必要であり、経済的合理性や事業目的の有無といった基準によって判断することはできないと主張しているものと考えられる。逆にいえば、事業目的が認められる場合であっても、繰越欠損金の引継ぎを認める旨の規定を創設した趣旨・目的には反し、繰越欠損金の引継ぎを認めることが不当であると判断される場合があり得るというのが裁判所の判断であると考えられる。

この点、ヤフー事件控訴審判決は、具体的なあてはめにおいて、第1編第2章第6節において記載したとおり、本件副社長就任について、ヤフーの法人税の負担を減少させるという税務上の効果を発生させることがその目的であった、仮にそれ以外の事業上の目的がまったくないとはいえないものと認定する余地があるとしても、主たる目的はヤフーの法人税の負担を減少させることにあった、と認定しているのであるから、ヤフー事件控訴審判決においては、不当性要件を充足するための要件として、事業目的の有無を基準としていたとしても、本件副社長就任につき不当性要件を満たすものと判断し、法人税法132条の2を適用することは可能であったものと考えられる。

また、IDCF事件控訴審判決も、第1編第2章第7節において記載したとおり、本件分割を非適格分割とすることによって法人税の負担を減少させるために、事業上の必要はないIDCF株式譲渡をあえて介在させたとの

認定を行っているのであるから、IDCF事件控訴審判決においても、不当性要件を充足するための要件として、事業目的の有無を基準としていたとしても、不当性要件を満たすものと判断し、法人税法132条の2を適用することは可能であったものと考えられる。

にもかかわらず、ヤフー事件控訴審判決（IDCF事件控訴審判決についても同様のことが当てはまる）が、不当性要件の意義についてヤフー事件第一審判決を踏襲し、事業目的がないとはいえない場合でも不当性要件に該当する場合があり得る旨の判示を維持したのはなぜなのか、その点について、次に検討することとしたい。

3 事業目的がないことの立証上の困難性

ヤフー事件控訴審判決およびIDCF事件控訴審判決が、不当性要件の意義について、ヤフー・IDCF事件第一審判決を踏襲し、事業目的の有無を判断基準に含めず、事業目的がないとはいえない場合でも不当性要件に該当する場合があり得る旨の判示を行った理由としては、事業目的がないことの立証の困難さを考慮したということが考えられる。

従来の有力な学説においては、法人税法132条の不当性要件については、経済的合理性基準が適用され、経済的合理性を欠く場合とは、私的経済的取引として異常ないし変則的で、かつ、租税回避以外に正当な理由ないし事業目的が存在しないと認められる場合をいうものとされており、ヤフー事件およびIDCF事件において納税者側が主張するように、法人税法132条の2の不当性要件についても、法人税法132条の不当性要件と同様、経済的合理性基準が当てはまると解する場合には、租税回避以外の事業目的が存在すれば、不当性要件を充足せず、法人税法132条の2の適用による否認はなされないことになる。

この点、事業会社が行う何らかの行為について、それが税負担の軽減を目的として行われたものであったとしても、およそ何らかの事業上の目的

や事業上の必要性について説明を行うことは可能であるというのが現実ではないかと思われる。

　ヤフー事件においても、本件副社長就任について、ヤフー事件控訴審判決は、前述のとおり、もっぱら法人税法施行令112条7項5号の要件を満たして、法人税法57条3項の適用を回避し、同条2項により未処理欠損金を引き継ぐことで、ヤフーの法人税の負担を減少させるという税務上の効果を発生させることにあったとの認定を行っているが、納税者側は、本件副社長就任について、事業上の必要性、事業上の目的があったものと主張しているのである。すなわち、納税者側は、ヤフー事件第一審において、本件副社長就任に関して、「(ソフトバンクの代表取締役である)S氏は、クラウドコンピューティング事業には、インターネットビジネスのノウハウが不可欠であるところ、IDCSにはインターネットビジネスのノウハウは蓄積されておらず、IDCSの当時の経営陣の中にもクラウドコンピューティング事業に必要不可欠なインターネットビジネスに精通した者がいないことを憂慮し、ソフトバンクの取締役の中で最もインターネットビジネスに精通しており、またそのような知見を持った経営者の第一人者として広く認識されているA氏がIDCSの経営陣として適任と考え」「A氏に対して上記理由を説明した上でIDCSの取締役副社長就任を要請した」、「S氏から本件副社長就任の要請を受けたA氏は」「本件副社長就任を承諾する意思を伝えた。その理由は、第一に、ソフトバンクの取締役としての立場から、本件副社長就任を受ければ、S氏の期待に応え、クラウドコンピューティングを含むIDCSへのインターネットビジネスのノウハウの提供、同事業分野におけるヤフーとの協業をIDCSの内部から実行することのみならず、IDCSの既存のデータセンター事業においてもやはりIDCS内部からコスト構造を改善することを通じて、株式上場に向けたIDCSの企業価値の向上に貢献し、ソフトバンクグループの価値最大化に資することが可能であると考えたためである。また、ソフトバンク取締役の中でインターネットビ

ジネスの専門家として最も知見を有しており、当時、ソフトバンクの取締役の中で唯一データセンター事業会社の経営にも関与したことがあり、データセンターを利用してサービスを提供する会社の取締役を務めていたこともある自分しか、就任の適任者はいないという考えもあった」などと詳細に、その事業上の必要性ないし目的について主張しているのである。

　ヤフー事件第一審判決は、かかるヤフー側の主張を受けて、当該主張をすべて否定して、事業上の必要性ないし目的がなかったとの認定を行うことが難しいと判断し、不当性要件の解釈において、事業上の目的がなかったとはいえない場合でも不当性要件を充足する場合があるとの解釈を示したのではないかとも考えられるのである。あるいは、裁判所としては、本件副社長就任について事業上の必要性はなかったとの心証をもったものの、納税者側の主張を不合理なものであるとして否定するだけの証拠はないと考え、それでも結論として不当性要件を充足するものとして法人税法132条の2の適用を適法なものとするために、不当性要件の解釈において、事業上の目的がなかったとはいえない場合でも不当性要件を充足することがある旨の解釈を示したのかもしれない。

　そして、ヤフー事件控訴審判決は、本件副社長就任について、法人税の負担を減少させることが目的であったとの認定を行っているが、それでもなお、不当性要件の意義についての解釈に関し、ヤフー事件第一審判決を踏襲したのは、ヤフー事件という具体的な事件については、税負担を減少させるという目的を認定できたものの、一般論として、税負担を減少させるという目的を証拠の上で認定できない場合でも、法人税法132条の2が適用されるべき場合があり得るという判断をしたのではないかと思われるのである。

　この点については、IDCF事件についても同様のことをいうことができるものと考えられる。

　すなわち、IDCF事件控訴審判決は、IDCF株式譲渡について、本件分割

を非適格分割とすることにより法人税の負担を減少させるために、事業上の必要性はないIDCF株式譲渡をあえて介在させたとの認定を行っているが、IDCFは、IDCF株式譲渡について、事業上の必要性ないし目的があったと主張しているのである。

　IDCFは、IDCF事件第一審において、ヤフーがIDCF株式譲渡によりIDCFをヤフーの直接の子会社とすることについて、以下のような３つの必要性があったのであり、仮にIDCF株式譲渡が行われず、本件合併までの間、IDCFがヤフーの孫会社となった場合には、下記①～③の点を実現することができず、ヤフーとIDCFの事業上の連携等に支障が生ずるおそれがあった旨を主張しているのである。

① 　ヤフーでは、ヤフーと共同して事業を展開するヤフーのグループ会社については、ヤフーのサービス、ネットワーク等との連携、役員派遣等の人的支援の提供等の観点から、直接の子会社とする方針をとっていた。IDCFの事業は、大規模データセンターの営業販売、データセンターソリューションの開発提供、クラウドコンピューティング事業等であって、ヤフーのサービス運営上極めて重要な会社であったため、孫会社とするのでは十分ではなく、直接の子会社とすることが自然であった。また、ヤフーの直接の子会社としたほうが孫会社とするよりも一般的に信用を得やすく、顧客獲得や人材確保等にメリットがあると考えられていた。

② 　ヤフーは、インターネット関連事業というその事業の性格上および過去の個人情報漏洩問題を踏まえ、情報セキュリティ対策に力を入れており、統一的なセキュリティポリシーの浸透・適用の観点から、個人情報その他の重要な経営情報を大量に保有し、慎重な情報管理が必要となる会社については、ヤフーが直接に監視・監督し、情報管理が徹底できるよう、ヤフーの直接の子会社とする方針をとっていた。IDCFは、ヤフーのサービスおよびネットワークシステムとの関連性

が強い事業を行っており、また、その事業内容から大量の顧客情報を有しているため、強固で統一的な情報セキュリティ管理を行う必要性がきわめて高いといえる会社であった。そのため、ヤフーとしては、IDCFの買収にあたり、IDCFを当初から直接の子会社とすることがごく自然であり、一時的であれ孫会社とすることは考えがたかった。

③　本件取引当時、ヤフーのセキュリティポリシー上、ヤフーの社内システムにアクセスできる関係会社は、ヤフーが直接管理・監督でき、かつヤフーと業務上の関わりが深い、ヤフーの直接の子会社に限られており、本件取引当時、孫会社等の間接的な資本関係にとどまる会社に対して、ヤフーの社内システムのアクセス権限を付与することはなかった。IDCFは、上記の基準を満たしているため、IDCF株式譲渡の直後からヤフーの社内システムへのアクセスが認められていた。仮にIDCF株式譲渡が行われず、本件合併までの間、IDCFがヤフーの孫会社となっていたとすれば、IDCFにはヤフーの社内システムのアクセス権限は与えられず、社内システムを利用することができなかったはずである。しかし、IDCFのデータセンターの営業販売、クラウドコンピューティング事業といったヤフーグループにおける重要性に鑑みると、仮にIDCFが孫会社となり、アクセス権限が与えられなかった場合には、ヤフーとIDCFの連携について重大な悪影響が生じていたことは明らかである。

　IDCF事件控訴審判決は、IDCF株式譲渡について事業上の必要性がなかったと認定したが、IDCF事件第一審判決は、上記納税者側の主張を不合理なものとして完全に排斥することは難しいものと判断したのではないかと考えられるのである。

　この点、ヤフー・IDCF事件控訴審判決は、納税者側の主張を正面から不合理なものであるとして否定するのではなく、証拠によって認定できる他の事実関係に照らして、問題となった本件副社長就任あるいはIDCF

株式譲渡が法人税の負担の減少を目的として行われたものであって、事業上の必要性はなかった旨認定したものと考えられる。例えば、ヤフー事件に関しては、本件副社長就任について、「税務ストラクチャー上の理由」から、ヤフーの役員がIDCSの役員に就任する必要がある旨の記載があるメールが存在することや、ソフトバンクの税務室長である税理士が、A氏の本件副社長就任について自分のアドバイスがあった旨課税当局の調査において供述していたことなどの証拠関係が、ヤフー事件控訴審判決における認定の重要なポイントとなったものと考えられる。また、IDCF事件についても、ヤフーの幹部が課税当局の調査時に、本件分割後まずIDCSがヤフーにIDCFの株式を譲渡することに意味があるかないかは気にしていなかったと説明していたこと、訴状において本件分割は、IDCSが株式の上場を目指していたからIDCF株式譲渡がなくても非適格分割であったが、非適格分割であることをより明確にするためにIDCF株式譲渡が行われたに過ぎないと主張していたのに、課税当局側からIDCS株式譲渡に先立ちIDCF株式譲渡を行う事業上の必要は認められないと指摘された後に、ヤフーがIDCFを孫会社とすることには事業上の不都合があった旨、上記のような主張を行うに至ったというような事情が認められたことから、IDCF事件控訴審判決は、IDCF株式譲渡が法人税の負担を減少させることを目的とするもので、事業上の必要性ないし合理的な事業目的はなかったとの認定につながったと考えられるのである。

　仮に、ヤフー・IDCF事件において、納税者側が、法人税の負担を減少させることを目的として本件副社長就任やIDCF株式譲渡を行ったことをうかがわせるような証拠を一切残さず、税務当局の調査、あるいは、訴訟において、前述のような本件副社長就任の事業上の必要性、IDCF株式譲渡の事業上の必要性を一貫して主張していたとすると、本件副社長就任あるいはIDCF株式譲渡が法人税法の負担を減少させることを目的としたもので、事業上の必要性はなかったとのヤフー・IDCF事件控訴審判決の認

定には至らなかった可能性が高いようにも思われるのである。

　事業上の必要性ないし合理的な事業目的がなかったことを立証することの困難さについて、裁判所が意識していることは、IBM事件控訴審判決における判示の内容からもうかがうことができる。すなわち、IBM事件控訴審判決が、法人税法132条の不当性要件の解釈について、租税回避以外に正当な理由ないし事業目的が存在しないと認められることが必要であるとの納税者側の主張を否定する理由として、「法人の諸活動は、様々な目的や理由によって行われ得るのであって、必ずしも単一の目的や理由によって行われるとは限らないから、同族会社の行為又は計算が、租税回避以外に正当な理由ないし事業目的が存在しないと認められるという要件の存否の判断は、極めて複雑で決め手に乏しいものとなり、被控訴人主張のような解釈を採用すれば、税務署長が法人税法132条1項所定の権限を行使することは事実上困難になるものと考えられる」と判示しており、IBM事件控訴審判決が、事業上の必要性ないし合理的な事業目的がないことの立証の困難さを意識していることは明らかである。同じ考え方は、法人税法132条の2がその対象としている組織再編成に係る行為・計算についても、同様に当てはまるものと思われる。どのような組織再編成を行うのかについては、基本的には会社が自由に判断・決定できることであり、グループ経営のデザインをどのようなものにするのかについて、裁量の幅は広く、それがどのような形であろうと、それなりのメリットが考えられるであろうし、事業上の必要性について説明が付けられるものと考えられる。また、組織再編成の手法について、どのような手法を採用するのかについても、企業の裁量が認められ、どのような手法を採用したとしても、それなりのメリットや当該手法を採用することの必要性について説明が付くと考えられるのである。むしろ、組織再編成に関して、それがまったく何の事業も営んでいない形骸だけの会社を対象とするようなものでない限り、まったく何の事業上の必要性も事業上のメリットも説明することができな

い場合を想定することのほうが難しいとさえ考えられるのであり、納税者側の真意が法人税の負担を減少させることにあったとしても、納税者側から事業上の必要性や事業上のメリットについて何らかの説明がなされる可能性は高く、その説明がまったく不合理なものであるとして排斥することは必ずしも容易でないように思われるのである。

　ヤフー・IDCF事件第一審判決は、このような事業上の必要性ないし合理的な事業目的が存在しないことの立証の困難さを考慮し、不当性要件の解釈において、事業上の目的・必要性の有無を考慮することなく、組織再編税制の趣旨・目的または個別規定の趣旨・目的に反することが明らかであるか否かという点のみを基準とするとの解釈を採用したように思われ、ヤフー・IDCF事件控訴審判決も、その考え方を踏襲したのではないかと思われるのである。

　しかしながら、ヤフー・IDCF事件控訴審判決については、事業上の必要性ないし合理的な事業目的がないことの立証の困難さを考慮したという点でその内容を理解することはできるものの、その判示の内容については、納税者の予測可能性、租税法律主義の観点からは、疑問といわざるを得ないということはすでに述べたとおりである。

4　ヤフー・IDCF事件最高裁判決について

　ヤフー・IDCF事件最高裁判決は、ヤフー・IDCF事件控訴審判決において、本件副社長就任、あるいは、IDCF株式譲渡を本件分割とIDCS株式譲渡の間に介在させたことなどについて、法人税の負担を減少させることを目的としたもので、事業上の必要性はなかったとの認定がなされたことを受けて、不当性要件の解釈について、すでに述べたとおり、濫用基準を採用することを明らかにし、濫用基準該当性を判断するに際しては、当該行為または計算を行うことの合理的な理由となる事業目的その他の事由が存在するかどうかの事情を考慮するとの解釈を示すことによって、行為また

は計算に合理的な理由となる事業目的・事業上の必要性が認められるか否かの点が、濫用基準充足の有無、ひいては、不当性要件の該当性を判断する上での基準となることを明らかにしたものと考えられる。

　ヤフー・IDCF事件最高裁判決が法人税法132条の2の不当性要件に関してこのような解釈を示したのは、ヤフー・IDCF事件控訴審判決において示された不当性要件についての解釈には、租税法律主義、あるいは、納税者の予測可能性という観点から問題があるということを重視したためではないかと思われる。一方、行為または計算に合理的な理由となる事業上の必要性ないし合理的な事業目的が存在するか否かの点を、不当性要件の該当性を判断する上での基準とすることは、組織再編成に係る行為・計算に事業上の必要性ないし合理的な事業目的が存在しないことの立証上の困難さという問題があることについて、ヤフー・IDCF事件最高裁判決は、何も触れるところはないが、事実認定については、法律審である最高裁の判断するところではなく、控訴審段階において、本件副社長就任、IDCF株式譲渡を本件分割とIDCS株式譲渡との間に介在させたことについて、法人税の負担の軽減を目的としたものであって、事業上の必要性はないとの事実認定が行われた以上、最高裁がその点に触れる必要はなかったということであろう。したがって、ヤフー・IDCF事件最高裁判決が出された後においても、事業上の必要性ないし合理的な事業目的の有無についての立証上の困難さという点をどう考えるかという問題は残ることとなる。

　実務的には、ヤフー・IDCF事件控訴審判決において、本件副社長就任、あるいは、IDCF株式譲渡を本件分割とIDCS株式譲渡との間に介在させたことについて、法人税の負担を減少させることを目的としたものであって、事業上の必要性はなかったとの認定がなされたことを参考とすべきであろう。すなわち、納税者側において、組織再編成に係る行為・計算について、それなりの合理的な事業上の必要性ないし事業目的について説明がなされた場合であっても、他の証拠関係に照らして、法人税の負担を減少

させることを目的としていたことが認められる場合には、事業上の必要性ないし事業目的が認定されない可能性があるということを念頭に置く必要があるということが重要であると思われる。仮に、行為・計算に事業上の必要性ないし合理的な事業目的がないと認定された場合であっても、当該行為・計算が、通常は想定されない組織再編成の手順や方法に基づいたり、実態とは乖離した形式を作出したりするなど、不自然なものではなく、組織再編税制に係る各規定の本来の趣旨および目的から逸脱する態様でその適用を受けるものまたは免れるものと認められない場合には、濫用基準を満たさず、法人税法132条の２の不当性要件も満たさないということを考慮すれば、証拠関係に照らして行為・計算の主たる目的が法人税の負担を減少させることにあるとの認定が可能である場合には、当該行為・計算について事業上の必要性ないし合理的な事業目的がないという認定がなされたとしても、法人税法132条の２の適用範囲が過度に広がるということにはならないであろう。

　なお、行為・計算の主たる目的が法人税の負担を減少させることであり、事業上の必要性ないし合理的な事業目的がないということの認定に際しては、直接的に会社内部の文書等において、法人税の負担を減少させることを目的としていたことを示す記載がなされていることや、関係者の供述においてその旨の供述が得られているなどの直接証拠が必ずしも必要ということではなく、客観的な事実関係に照らして、法人税の負担を減少させること以外に事業上の必要性ないし合理的な事業目的がないことが推認されるということで足りるということについてはいうまでもないことである。したがって、納税者側において、周到に、法人税の負担軽減を目的としたことを隠し、事業上の目的・必要性に基づいて実行した行為であるかのように装ったとしても、その行為そのものの客観的な性質それ自体によって、事業上の目的・必要性がなかったとの認定がなされる可能性があることには留意する必要があると思われる。

第4章

IBM事件についての検討
——課税当局の見方

　IBM事件においては、第1編第3章において述べたとおり、第一審判決において課税当局側の主張が全面的に排斥されたことを受けて、課税当局は控訴審において、その主張を大幅に変更している。
　第2編第4章では、IBM事件第一審判決において述べられている課税当局側の主張を手掛かりとして、IBM事件において課税当局がどのような見方に基づいて、IBM事件について法人税法132条を適用して否認するとの判断に至ったのかについて検討した上で、課税当局が、控訴審においてその主張を大幅に変更するに至った理由についても検討し、課税当局の考え方を推測することによって、実務上の参考となるべきポイントについて検討することとしたい。

第1節 IBM事件第一審における課税当局の主張について

　IBM事件第一審判決において、課税当局側の主張の概要は、以下のとおりであるとされている。

　本件株式購入がされる前は、米国WTが日本IBMに対して直接に同社の株式を譲渡することによって、日本IBMから利益の還元を受けるという通常の経済人の行為または計算として合理的かつ自然な取引がされていたところ、本件各譲渡は、上記のような取引の間に、独立した法主体としての事業上の存在意義がきわめて希薄なIBMAPを中間持株会社としてあえて介在させたものであり、IBMAPは、米国WTが日本IBMのいわゆる分身（日本支店）として、米国IBMの意を受けて日本IBMの株式を法律上形式的に保有していたに過ぎず、経済実質的に見れば、日本IBMの株式を保有していたのは、IBMAPではなく米国WTであるということができる。このことは、①チェック・ザ・ボックス規則等を活用しつつ、米国の税制上は内部取引として扱われる米国WTからIBMAPへの日本IBMの株式の譲渡を行うことによって、IBMAPの下で同社の株式の取得価額をかさ上げする結果（本件各譲渡の前の日本IBMによる同社の株式の取得価額(15万3,765円ないし19万9,814円)）に対し、本件株式購入におけるIBMAPによる日本IBMの株式の1株当たりの取得価額（127万1,625円）および本件各譲渡における1株当たり譲渡過価額（約127万1,625円）が6倍以上となっている。また、本件株式購入における日本IBMの株式の価額は、もっぱら専門業者の株式評価書の中の高い価額により決定されている）をつくり出すとともに、②本件株式購入の前後に

おいて、日本IBMが自己株式を取得した都度、その代金を日本からただちに米国WTへ送金し、米国IBMに日本IBMが得た利益を還元するという経済的、実質的実態は何ら変わっていないにもかかわらず、IBMAPを日本IBMが自己株式を取得する取引に介在させてIBMAPが日本IBMから自己株式の取得に係る譲渡対価を受領することとしたことにより、米国WTの分身としてのわが国の内国法人であるIBMAPをして、法人税法24条1項5号等の規定の適用を受けることを可能とし、わが国において利用可能な多額の株式譲渡損を計算上発生させたことを意味する。

　さらに、米国IBMおよびIBMグループは、わざわざ有限会社であるIBMAPを取得し、中間持株会社とするための各種手続を手間暇かけて行ったが、それは、当初から将来的に日本におけるIBMグループを成す法人について連結納税制度を利用して、日本IBMの株式の譲渡によって生じる有価証券譲渡損失を連結課税所得から控除することを想定したものである。このことは、本件株式購入後にIBMAPが果たした機能やその活動を勘案しても、その持株会社としての役割、活動は形式的、名目的なものにすぎず、IBMAPの持株会社としての具体的な事業上の存在意義はきわめて希薄であると評価せざるを得ないことからも裏付けられる。

　このように、いずれもIBMグループを成す法人である米国WTが保有する日本IBMの株式を同社が取得する取引について、傘下に多数のグループ企業を擁する日本IBMとは別に、わざわざIBMAPを中間持株会社として米国WTと日本IBMの中間に置き、IBMAPを介して日本IBMが自己株式取得により米国側へ利益を還元した一連の行為は、巨額の税負担の軽減という効果を除けば、通常の経済人のとして正当な事業目的を有する合理的な行為とは到底認められない。

第2節 IBM事件第一審における課税当局側の主張のポイント

　課税当局側の主張のポイントは、IBMAPを中間持株会社として米国WTと日本IBMの中間に置いたことについて、巨額の税負担の軽減以外の効果は実質的に生じておらず、言い換えれば、IBMAPを中間持株会社として米国WTと日本IBMの中間に置いたこと(以下「IBMAPの中間持株会社化」という)について、IBMAPの中間持株会社化の前後を比較すると、経済的、実質的実態は何らか変わっていないにもかかわらず、IBMAPの中間持株会社化後には、IBMAPの中間持株会社化前には生じていなかった多額の株式譲渡損失額が生じているということから、IBMAPの中間持株会社化から本件株式各譲渡に至る一連の行為は、税負担の軽減効果を除けば、経済的合理性のない行為であるという点にあると考えられる。

　IBMAPの中間持株会社化の前後で、経済的、実質的実態が何ら変わっていないという点は、課税当局側の主張を前提とすれば、**図表3**のように図示できる。

　課税当局側の主張は、次頁に図示したとおり、IBMAPの中間持株会社化の前後を比較して、日本IBMが自己株式の取得を行うという点に何ら変わりなく、また、米国IBMが、日本IBMによる自己株式の取得を通じて得た資金の還流を受けるという点にも何ら変わりなく、その点で、IBMAPの中間持株会社化は、IBMグループにとって税負担の軽減以外に、経済的、実質的な変化を生じさせるものではなく、したがって、税負担の軽減を目的とした経済的合理性のない行為であるという点にあるものと考えら

図表3　IBMAP の中間持株会社化前後の比較図

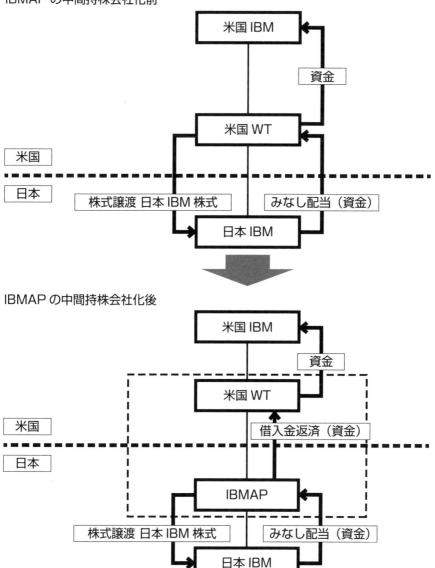

れる。すなわち、**図表3**の点線で囲んだ部分を1つとして見た場合には、IBMAPの中間持株会社化の前後で、実質的に、相違はないものと判断できるというのが課税当局側の考え方であろうと思われるのである。

なお、課税当局は、法人税法132条の不当性要件充足を根拠づける評価根拠事実として、①IBMAPをあえて日本IBMの中間持株会社としたことに正当な理由ないし事業目的があったとは言いがたいこと、②本件一連の行為を構成する本件融資は、独立した当事者間の通常の取引とは異なるものであること、③本件各譲渡を含む本件一連の行為に租税回避の意図が認められることの3点を挙げているが、このうち、①は、IBMAPの中間持株会社化の前後において、税負担の軽減以外に実質的に変更された点はないという考え方を前提としているものと考えられるし、③についても、IBMAPの中間持株会社化の前後において、税負担の軽減以外に実質的に変更された点はないということから推認されることとして主張しているものと考えられるのである。

このように、課税当局としての判断において、一定の行為がなされた前後を通して、税負担が軽減される以外に実質的な変更がないと認められる場合というのは、当該行為が税負担軽減以外に事業上の必要性ないし事業目的を欠く不自然・不合理なものであり、経済的合理性を欠く場合の典型例の1つであると課税当局側においては考えているのではないかと推測される。

なお、このような考え方は、他の案件でも見受けられるように思われ、法人税法132条の2の適用が問題となったIDCF事件についても、本件分割から本件合併までに至る組織再編成に関しては、IDCF株式譲渡がなされなかったとしても、組織再編成終了後のヤフーとIDCFの関係は、IDCF株式譲渡がなされた場合とまったく同一であり、にもかかわらず、IDCF株式譲渡が介在することによって、IDCFの法人税の負担が軽減されていることから、IDCF株式譲渡については、法人税法の負担軽減以外に事業上

の目的・必要性を欠く不自然・不合理な行為であって、経済的合理性を欠いているものと課税当局は考えたのではないかと推測されることにも共通する点があるように思われる。

　IBM事件に関しては、課税当局としては、IBMAPの中間持株会社化の前後で、実質的、経済的な変更がないということ、IBMAPの中間持株会社化の前後で変わった点としては、IBMAPに多額の株式譲渡損失額が生じ、当該株式譲渡損損失額に基づく繰越欠損金がIBMAPの連結課税所得から控除されることによって、日本IBMの所得に対する租税負担が軽減されたという税務上の事実しか残らないということの２点の認定を基にすれば、直接的な証拠はないものの、本件一連の行為は、IBMAPの連結所得金額の計算において有価証券譲渡損失に基づく欠損金が控除されることによる法人税負担の軽減を目的とした行為であると考えざるを得ないという判断を行ったものと考えられるのである。

第3節 IBM事件第一審における納税者側の主張と課税当局の反論

　納税者側は、IBM事件第一審において、IBMAPの中間持株会社化の目的として、①日本におけるIBMグループを成す会社を全て持株会社であるIBMAPの下に統合すること、②IBMAPを当時米国IBMが精力的に行っていた事業買収取引における日本のいわゆる受け皿会社とすること、③原告をして資金のより効率的な配分を行う機能を担わせること、④IBMAPをして日本において新規事業を行う場合の受け皿とすること、の4つの目的があったと主張している。

　これらの納税者側の主張に対して、課税当局は、きわめて大雑把なまとめ方となるが、①および③については、米国WTという持株会社がすでに存在していたのだから、米国WTに重ねてIBMAPを設置する必要性の説明にはならないという観点から、納税者側の主張は失当であると主張している。④については、現実に日本において新規事業を行う場合の受け皿としてIBMAPが使われた事実はないことを根拠に、納税者側の主張を失当であると主張している。②の点に関して、納税者側は、より具体的には、資金移動の柔軟性等の確保、源泉所得税についての負担の減少、資金の集中管理の必要性等を挙げているが、課税当局側は、資金移動の柔軟性等の確保、資金の集中管理の必要性等の点については、実体を伴わない主張である等の理由により失当であると反論し、源泉所得税についての負担の減少の点については、正当な事業目的とでは認められないものと反論している。

このような課税当局の反論からすると、課税当局は、納税者側の主張するIBMAPの中間持株会社化の目的はいずれも認められないという判断をしたものと思われる。言い換えると、納税者側の主張するIBMAPの中間持株会社化の目的は、課税当局として、それらが真の目的であったと納得できるものではなかったということであろうと考えられるのである。課税当局としては、IBMAPの中間持株会社化の目的について、納税者側から課税当局として納得できる説明がなく、法人税の負担が減少しているという客観的事実が認められる以上は、IBMAPの中間持株会社化は法人税の負担軽減を目的としたものとしか考えられないという判断に至ったことが推測できるのである。

第4節 IBM事件第一審判決における認定

　IBM事件第一審判決は、第1編第3章第2節において記載したとおり、IBMAPの中間持株会社化の目的について、おおむね納税者側の主張を入れ、さらに、本件一連の行為が税負担の軽減を目的としたものであるとの課税当局の主張を排斥した。

　言い換えると、課税当局側の主張は、IBM事件第一審判決においてほぼ全面的に否定されたのであるが、第一審判決の判示事項の中で決定的であったと考えられる点は、客観的な税制改正の経過に照らし、IBMAPの中間持株会社化を含む日本再編プロジェクトの実行が承認された時点で、IBMAPを連結親法人とする連結納税により、IBMAPに生じた株式譲渡損失額と日本IBMの課税所得が相殺されることとなって、法人税の負担が軽減されることを想定していたとの認定はきわめて困難であると認められるということであろうと思われる。税制改正の経過は、客観的な過去の事実であり、課税当局としても、納税者が事前に税制改正を予測していたなどと主張することもできず、この点の主張が裁判所に採用されることはないということを明確に認識したものと思われる。納税者側に残された書面や電子メールなど、納税者側が作成したものであれば、課税当局側としても、納税者が将来的な税務調査を予測して、税負担軽減の意図がないことを根拠づけるものとしてあらかじめ残していた可能性があるなどというような主張をすることも考えられなくはないが、客観的な税制改正の経過について、納税者が事前に正確に予測していたというような主張はさすがに

できないであろう。

この点に関する裁判所の認定については、第1編第3章第2節**2**でも触れているが、第一審判決のポイントと思われることから、ここで、詳述することとする。

すなわち、IBM事件第一審判決は、以下のような点を指摘した上で、米国IBMが、日本再編プロジェクトの実行を承認した当時（遅くとも平成13年11月）において、IBMAPについて少なくとも近い将来に連結納税の承認を受けて本件各譲渡によりIBMAPに生ずる有価証券（日本IBM株式）の譲渡に係る譲渡損失額を連結所得の金額の計算上損金の額に算入することを想定した上で同プロジェクトの実行を承認し、その後、米国IBMおよびIBMグループが、それを想定して本件各一連の行為をしてきたものとまでは認めがたいとしている。

① 日本再編プロジェクトを米国IBMが承認した時点（遅くとも平成13年11月）においては、外国法人の子会社が連結親法人として認められるかどうかは明確にされておらず、連絡納税制度の適用対象となる子会社につき時価による評価をする対象から除外される場合も具体的に記載されていなかったから、IBMAPが連結納税の承認の申請をした場合に、国税庁長官の承認を受けることができるか否かまたは連結納税の承認を受けた場合にどのような得失が生ずるかは不明であったこと

② IBMAPが中間持株会社として置かれた後においても、欠損金の繰越期間の制限（当時は5年）との関係で、IBMAPが、連結納税制度が導入された当時、仮に少なくとも近い将来連結納税の承認を受けることを想定していたとすれば、一定の時期に日本IBMの資産を時価により評価するなどの方策を講じない限り（連結納税開始事業年度の事業年度開始の日からさかのぼって5年以内に完全支配関係が生じている場合には一定の資産について、原則として、時価評価が必要とされている）、

平成14年譲渡によりIBMAPに生じる有価証券譲渡損失額が連結所得の金額の計算上損金の額に算入されることもなかったことになるところ、子会社である日本IBMの資産を時価により評価することとなれば一時的に多額の評価益が発生する状況であったことが認められ、IBMAPが連結納税の承認を受けて平成14年12月期に行った日本IBM株式の譲渡（平成14年譲渡）によりIBMAPに生ずる有価証券譲渡損失額を連結所得の金額の計算上損金に算入することは現実的ではなかったことがうかがわれる。そうすると、仮にIBMグループにおいて本件一連の行為の当初から、または近い将来に連結納税の承認を受けることを想定していたとすれば、平成14年譲渡をしないこと、またはこれをするにしてもそれを小規模なものにとどめることとするのが合理的であると考える余地もあることになるが、実際には平成14年譲渡の規模が平成15年譲渡よりもはるかに大きい（約9倍）上、平成16年にはIBMAPから日本IBMに対する株式の譲渡がされていないのであり、IBMAPが平成14年当時から少なくとも近い将来に連結納税の承認を受けて本件各譲渡によりIBMAPに生ずる有価証券譲渡損失額を連結所得の金額の計算上損金の額に算入することを想定していたことと必ずしも整合しない行為をしていること

③　欠損金の繰越期間の制限が7年に延長され、かつ、平成13年4月1日以後に開始した事業年度において生じた欠損金額にさかのぼって適用されるという平成16年法律第14号による法人税法の改正（平成16年度税制改正）がされたところ、IBMAPが、そのことによって初めて、連結納税の承認を受けることにより、子会社である日本IBMの資産について時価による評価をすることなく平成14年譲渡によりIBMAPに生じた有価証券譲渡損失額を連結所得の金額の計算上損金の額に算入することが可能となったこと

このように、裁判所によって、本件一連の行為が連結納税制度を利用し

て法人税の負担を減少させることを目的としたものであるとの課税当局の主張が、反論の余地がない形で完全に否定されたことによって、課税当局側としても、主張の内容を変更せざるを得ないこととなり、それが、控訴審において、課税当局が主張を大きく変更した理由となったのではないかと推測される。

第5節 IBM事件控訴審における課税当局の考え方

1 IBM事件控訴審において課税当局が主張を変更した理由について

　本章第2節に記載したとおり、IBM事件についての課税当局の当初の基本的な考え方は、IBMAPの中間持株会社化は、IBMグループにとって税負担の軽減以外に、経済的、実質的な変化を生じさせるものではなく、したがって、税負担の軽減を目的とした経済的合理性のない行為であるという点にあるものと考えられる。しかしながら、IBM事件第一審判決によって、本件一連の行為について、IBMAPの中間持株会社化の時点から、現実に実現している法人税の負担の軽減、すなわち、IBMAPが日本IBMの株式を譲渡することによって生じる有価証券譲渡損失額について、連結納税制度を利用して日本IBMの利益と相殺させることにより税負担の軽減を図るということを目的としていたとは認められないということが、反論の余地がない形で認定されてしまった。

　そのため、課税当局側としては、IBMAPの中間持株会社化は、IBMグループにとって税負担の軽減以外に、経済的、実質的な変化を生じさせるものではなく、したがって、税負担の軽減を目的とした経済的合理性のない行為であるという基本的な見方を変更するか、あるいは、その考え方を維持した上で別の主張を再構成するか、いずれかを迫られることになったものと推測される。しかしながら、課税当局としては、IBM事件についての基本的な考え方を変更するということは、納税者側が主張するIBMAP

の中間持株会社化の目的が合理的なものであったと認めるということであり、そのことは、課税当局側としては到底受け入れられないことであったと考えられる。また、課税当局側としては、納税者側の主張するIBMAPの持株会社化の目的については、おおむね、IBMAPを介在させず、米国WTを活用することでも十分に達成可能であるとの判断を決定的に否定するような事情は、第一審判決においても示されていないと受け止めたのではないかと思われるのである。

　そして、IBMAPの中間持株会社化を含む本件一連の行為が、IBMAPが日本IBMの株式を譲渡することによって生じる有価証券譲渡損失額について連結納税制度を利用して日本IBMの利益と相殺させることにより税負担の軽減を図ることを目的としていなかったという前提の下で、課税当局として受け入れることができたのは、IBMAPの中間持株会社化は、IBMグループが日本国内において負担する源泉所得税額を圧縮してその利益を米国IBMに還元することによって、IBMグループ全体としての税負担を軽減することを目的として実行されたものであるという認定であったものと考えられる。

　この点を詳述すると、以下のとおりとなる。

　IBMAPが中間持株会社として設置される前は、日本IBMが米国WTから自己株式の取得を行った場合、みなし配当部分について、外国法人である米国WTを納税義務者として支払額の10％に相当する額の源泉所得税が課される一方、米国WTが受領した配当については、米国IBMの納税申告において外国税額控除によって国際的二重課税の調整が行われるはずであった。しかしながら、米国IBMが多額の税額控除の繰越しを抱えた租税上の地位にあったため、米国WTが受領した配当に対する源泉所得税が外国税額控除によって控除されず、国際的二重課税が調整されない状況が生じていた。

　これに対し、IBMAPを中間持株会社として設置した後は、日本IBMが

IBMAPから自己株式の取得を行った場合、みなし配当部分について、内国法人であるIBMAPを納税者として、支払金額の20%に相当する額の源泉所得税が課せられるが、IBMAPを納税義務者として課される源泉所得税は、受領者であるIBMAPの法人税の前取りとしての性格を有していることからIBMAPの法人税と調整されてIBMAPに課税所得がない場合には還付されるのであり、実際に、IBMAPは、本件各譲渡の際に日本IBMが徴収した源泉所得税について法人税の確定申告をすることによりその全額の還付を受けている。また、IBMAPの設置に際して、IBMAPの日本IBM株式等の購入代金の大部分を本件融資により調達したことから、日本IBM株式等の購入代金から米国への利益還元において課される源泉所得税の額が利子を支払う部分にかかる源泉所得税のみに限定され、源泉所得税が徴収される対象となる部分がIBMAPの中間持株会社化前と比較して大幅に減少したのである。

　以上を要約すると、日本IBMから米国IBMへの利益還元において、IBMAPの中間持株会社化前、日本において課せられる源泉所得税について、米国において税額控除を受けられないという状況が生じていたのに対し、IBMAPの中間持株会社化によって、米国への送金が融資の返済という形で行われることに変わったために、日本において課される源泉所得税が大幅に減少し、その結果、IBMグループ全体としてみた場合に、日本で課せられていた源泉所得税の大部分についての負担が軽減されたということになるのである。

　課税当局としては、このようなIBMグループが日本国内において負担する源泉所得税額の圧縮という税負担軽減が、IBMAPの中間持株会社化を含む本件一連の行為を実行する真の目的であったものということであれば、十分に理解し、納得することができるものと判断したものと考えられる。

　なお、このようなIBMグループが日本国内において負担する源泉所得税

額の圧縮という税負担軽減の目的については、おそらく納税者側は、税務調査の段階から主張していたように推測される。しかし、IBM事件第一審判決の判示からすると、納税者側は、IBMAPの中間持株会社の目的として４つの目的を挙げており、源泉所得税の圧縮については、４つの目的の中の１つである資金のより効率的な配分を構成する１つの要素として主張していたものと考えられ、納税者側においてもその点を強調するような主張は行っていなかったものと推測される。課税当局としては、巨額の有価証券譲渡損失の計上という点に関心が集中していたこともあり、納税者側においても源泉所得税額の圧縮についての主張が強調されていなかったことも相まって、少なくとも、課税当局側が第一審の段階で主張を構成する時点では、源泉徴収税額の圧縮が、IBMAPの中間持株会社化を含む本件一連の行為の目的であったとの主張には至らなかったものと考えられるのである。

　ところが、第一審において、IBMAPの中間持株会社化を含む本件一連の行為が、IBMAPが日本IBMの株式を譲渡することによって生じる有価証券譲渡損失額について連結納税制度を利用して日本IBMの利益と相殺させることにより税負担の軽減を図ることを目的としていたとの主張が、裁判所によって否定され、しかも、その裁判所の判断に対する反論が困難であるという状況が生じた中で、IBMAPの中間持株会社化は、IBMグループにとって税負担の軽減以外に、経済的、実質的な変化を生じさせるものではなく、したがって、税負担の軽減を目的とした経済的合理性のない行為であるという基本的な考え方を維持した上で、目的とした税負担の軽減は、有価証券譲渡損失額について連結納税制度を利用して日本IBMの利益と相殺されることによる税負担の軽減ではなく、源泉所得税の圧縮による税負担の軽減であるという形でIBM事件を構成し直したのではないかと推測される。

　以上から、課税当局は、IBMAPの中間持株会社化を含む本件一連の行

為について、源泉所得税額の圧縮による税負担の軽減を目的としたものであり、否認の対象となった税負担の軽減(IBMAPの本件各譲渡によって生じた有価証券譲渡損失額が連結納税に持ち込まれて、連結欠損金として損金算入されたことによる法人税の負担の軽減)を目的としたものではなかったものの、抽象的には、税負担の軽減を目的とした行為によって、税負担の軽減の結果が生じており、経済的合理性を欠く場合に該当するものという考え方に、IBM事件についての見方を変更したのであり、それが、課税当局の控訴審における主張につながったものと考えられる。

2 IBM事件控訴審における課税当局の主張

　課税当局は、控訴審において、法人税法132条の不当性要件を充足するためには、租税回避の意図があることは要件でないと主張している。これは、IBM事件第一審判決において、本件一連の行為が、否認の対象となっている税負担の軽減(IBMAPの本件各譲渡によって生じた有価証券譲渡損失額が連結納税に持ち込まれて、連結欠損金として損金算入されたことによる法人税の負担の軽減)を目的としていた旨の課税当局の主張が採用されず、そのIBM事件第一審判決の判断に対する反論が困難であることから、もはや本件一連の行為について、法人税の負担軽減を目的としていたとの主張が不可能であると判断したためであると考えられる。上記のとおり、課税当局の基本的なIBM事件の見方としては、抽象的には税負担軽減を目的とした行為によって税負担軽減の効果が生じており、経済的合理性を欠くというものであったと推測されるが、当初の目的とした税負担軽減の具体的内容と、否認の対象となった税負担の軽減の具体的内容が異なる場合に、ただちに、法人税法132条の不当性要件の充足を判断する上で、税負担軽減を目的としたものと主張することはできないと考えたのであろう。すなわち、課税当局としては、IBMAPの持株会社化を含む本件一連の行為がIBMグループにおける源泉所得税の圧縮という税負担の軽減であると判断

したものの、源泉所得税の圧縮は否認の対象とはなっておらず、否認の対象となった税負担の軽減が本件一連の行為の直接の目的でなかった以上、法人税法132条の不当性要件該当性へのあてはめという判断において、本件一連の行為が税負担の軽減目的であったとは主張できないものと判断したものと考えられるのである。税負担の軽減の目的で一定の行為または計算が行われて、その結果、税負担の軽減の効果が生じていれば、目的とした税負担の軽減と結果として生じた税負担の軽減が具体的に一致していなくとも、抽象的に税負担の軽減という点で一致しているのであるから、当該行為または計算は税負担軽減の目的でなされたという認定は、不当性要件該当性を判断する上では採用できないと、課税当局側は判断したということであろう。

　IBM事件控訴審判決は、第１編第３章第３節において述べたとおり、法人税法132条の不当性要件の解釈について、課税当局側の主張を入れ、不調性要件を充足するためには、租税回避以外に正当な理由ないし事業目的が存在しないと認められること、すなわちもっぱら租税回避目的と認められることは必ずしも必要ではない旨判示しており、租税回避目的と認められるためには、目的とした税負担の軽減の内容と、結果として生じた税負担の軽減の内容が具体的に一致していなければならないか否かについての判断を何ら示していないが、裁判所としても、当初予測していなかった税負担軽減の効果が結果として生じている場合でも、当初から税負担軽減の目的があったとはさすがに認定できないものと思われ、課税当局と同様に考えたのではないかと思われる。

　そして、課税当局側は、本件一連の行為について、IBMグループが日本国内において負担する源泉税額を圧縮しその利益を米国IBMに還元すること(本件税額圧縮)の実現のために一体的に行ったものであること、本件一連の行為は独立当事者間の通常の取引とは明らかに異なるものであるという２点を理由として、経済的合理性を欠くものであるということを前提と

して、そのような経済的合理性を欠く行為の結果として(すなわち、当初から目的とされていたわけではなかったものの)、本件各譲渡に係る譲渡損失額を計上し、法人税の負担を減少させたものであるから、不当性要件を充足するという主張を行ったのである。

　言い換えると、行為または計算が、経済的合理性を欠くものであった場合、当該経済的合理性を欠く行為によって、結果的に税負担の軽減という効果が発生している場合には、法人税法132条の不当性要件である経済的合理性基準を充足するというのが課税当局の主張であると解される。

　なお、課税当局が、独立当事者間の通常との取引とは明らかに異なるという点を経済的合理性を欠くことの根拠としたのは、有力な学説において、独立・対等で相互に特殊関係のない当事者間で行われる取引とは異なっている取引には、行為・計算が経済的合理性を欠いている場合にあたると解すべき場合が少なくないという考え方が示されていたものに基づくものであろう[7]。

　結局、IBM事件控訴審判決は、法人税法132条の不当性要件の解釈については、課税当局側の主張を入れ、経済的合理性を欠く場合とは、租税回避以外に正当な理由ないし事業目的が存在しないと認められることは不要であり、行為または計算が経済的合理性を欠く場合には、独立かつ対等で相互に特殊な関係にない当事者間で通常行われる取引と異なっている場合を含むという解釈を示した。その上で、具体的なあてはめにおいて、課税

---

[7]　金子宏『租税法(第20版)』(弘文堂、2015) 471頁参照。なお、金子名誉教授は、同書第16版までは、「行為・計算が経済的合理性を欠いている場合とは、それが異常ないし変則的で租税回避以外に正当な理由ないし事業目的が存在しないと認められる場合のみでなく、独立・対等で相互に特殊関係のない当事者間で通常行われる取引……とは異なっている場合をも含む」としていた(『租税法(第16版)』(弘文堂2011) 421頁参照。同書第17版から第20版では「……とは異なっている取引の中には、それにあたると解すべき場合が少なくないであろう」としている。前掲金子『租税法(第21版)』では、「……とは異なっている取引には、それにあたると解すべき場合が多いであろう」とさらに表現を変更している。

当局側の主張を排斥したものであり、これらの点は、第1編第3章第3節において述べたとおりである。

3 税負担軽減の目的について

　上記のとおり、課税当局は、IBM事件控訴審において、法人税法132条の不当性要件を充足するためには、租税回避の意図があることは要件でないと主張しているが、これは、当初の見立てでは、本件各譲渡にかかる譲渡損失額を計上し、連結納税制度を利用して法人税の負担を軽減することを目的として、本件一連の行為を行ったものと考えていたものの、IBM事件第一審判決において、当該見立てを完全に否定され、しかも、反論の余地がなかったことから、そのような主張に至ったのではないかと思われる。したがって、IBM事件控訴審判決（当該判決が上告不受理となって確定したことを含めて）を受けて、課税当局において、税負担軽減の目的が認められない場合でも法人税法132条の不当性要件を充足するという考え方に基づいて、独立当事者間の通常の取引とは異なるという点のみを根拠として、積極的に法人税法132条を適用するようになるということは、実務的には考えにくい。

　課税当局がIBM事件控訴審判決における主張において、源泉所得税額圧縮の実現を目的としていたことを経済的合理性を欠く理由に含めていたことからしても、少なくとも抽象的には、税負担の軽減を目的としているという点が、経済的合理性を欠くと判断できる要素として必要なものと課税当局は考えていたのではないかと推測できる。そして、実務的に、法人税法132条を適用するに際しては、やはり、否認の対象となる行為又は計算が、税負担の軽減を目的とするものであるか否かという点が法人税法132条の適用を考える上での出発点になるものと考えられるのであり、IBM事件控訴審判決を前提としたとしても、課税当局において、税負担の軽減を目的として行われたものとの認定ができない事案において積極的に法人税

法132条を適用して否認を行うということは考えにくい。

IBM事件控訴審判決は、第1編第3章第3節において記載したとおり、法人税法132条の不当性要件が充足されるための要件として、当該行為または計算が、租税回避以外に正当な理由ないし事業目的が存在しないと認められること、すなわち、もっぱら租税回避目的と認められることを常に要求し、当該目的がなければ不当性要件を充足しないものと解するのは妥当ではないと判示した。そして、その理由として、法人の諸活動はさまざまな目的や理由によって行われるのであり、必ずしも単一の目的や理由で行われるとは限らないから、同族会社の行為または計算が租税回避以外に正当な理由ないし事業目的が存在しないという要件の存否の判断は、きわめて複雑で決め手の乏しいものとなるという点を挙げている。すなわち、IBM事件控訴審判決は、行為または計算がもっぱら税負担軽減を目的として行われたことの立証上の困難性から、不当性要件が充足されるために、常に税負担軽減目的が認められる必要があるとはいえないと判断したものである。

本編第3章第2節**3**において記載したとおり、ヤフー・IDCF事件控訴審判決においても、税負担軽減目的についての立証の困難性への配慮がうかがわれるが、IBM事件控訴審判決は、税負担軽減目的の立証の困難性を正面から取り上げているものである。

しかしながら、IBM事件控訴審判決は、もっぱら税負担軽減目的で行われたということの立証の困難性への配慮から、法人税法132条の不当性要件が充足されるために、常に税負担軽減目的が立証されることまでは必要ないということを述べたものと解釈されるのであって、税負担軽減目的が存在すること、あるいは、税負担軽減目的以外に事業上の必要性や事業目的が認められないことが、経済的合理性の有無を判断する上で重要な要素となることを否定したものではないと解すべきと思われる。実際のところ、税負担軽減目的がまったくないにもかかわらず、経済的合理性を欠く

として不当性要件の充足の有無が問題となる場合というのは現実的には想定しがたく、実務的には、課税当局が、税負担軽減目的を主張したにもかかわらず、証拠関係の上で、その立証が難しいという場合でも、他の事情等に照らして法人税法132条の適用が行われる余地を残したものと捉えるべきであろう。

　IBM事件控訴審判決は、経済的合理性を欠く場合として、独立当事者間の通常の取引と異なる場合を挙げており、独立当事者間の通常の取引と異なる場合には、税負担軽減目的が認められない場合でも不当性要件を満たすとの考え方を示しているように読め、そのような解釈については、第1編第3章第5節に記載したような問題点を指摘することができる。しかしながら、以下で検討するように、IBM事件における具体的なあてはめを考慮すると、現実には、独立当事者間の通常の取引とは異なるとして、経済的合理性を欠き法人税法132条の不当性要件を充足するものとされる場合はきわめて限定的であるように思われ、実務的には、税負担軽減目的が認められないにもかかわらず、独立当事者間の通常の取引と異なるとして法人税法132条の適用により否認されるのはきわめて稀なケースではないかと考えられる。

第6節 IBM事件控訴審判決が判示する独立当事者間の通常の取引と異なる場合

　第1編第3章第5節において述べたとおり、IBM事件控訴審判決の判示を前提とすると、独立当事者間の通常の取引とは異なる場合とは、最終的に実行された取引について、その取引価額が独立当事者間の通常の取引価額と異なる場合か、そもそも独立当事者間であればそのような取引自体を行わない場合であり、最終的な取引に至るまでの経緯において独立当事者間の通常の取引と異なる面があったとしても、それだけで独立当事者間の通常の取引と異なる取引には該当しないとされており、独立当事者間の通常の取引とは異なる場合に該当するのは、相当程度限定的なケースであろうと考えられる。ただ、第1編第3章第5節において述べたとおり、独立当事者間であればそのような取引自体を行わない場合というのが、いかなる場合であるのかは必ずしも明らかではなく、考え方によっては、独立当事者間では行わず、同族会社とそのグループ会社との間であるからこそ行われる取引の範囲は相当程度広いものとされる可能性も否定できず、納税者の予測可能性という点での問題は完全には払拭されていない。

　ここでは、より具体的にIBM事件控訴審判決の判示内容を検討することにより、IBM事件控訴審判決が想定する独立当事者間の通常の取引と異なる場合の射程について、実務的な観点から検討を加えることとしたい。

1　課税当局の主張

　課税当局は、平成14年譲渡において、当初、IBMAPは、日本IBMに対

し、日本IBM株式69万7,000株を1株当たり30万5,586円で譲渡することとしていたことについて、本件株式購入における取得価額(1株当たり127万1,625円)を大幅に下回る価額での譲渡は、経済的に不合理、不自然であると主張した。

また、平成14年譲渡において、当初決定した1株当たり30万5,586円の譲渡単価を、本件株式購入における取得単価(127万1,625円)と同額になるように事後的に変更し、平17年譲渡において、取得株数を15万3,000株から15万2,531株に事後的に変更したことについて、このような事後的な修正が可能であったのは、IBMAPが日本IBMの100％親会社であり、米国IBMおよび米国WTが日本IBMの意思決定を自由になし得る状況にあったからであると主張した。

さらに、IBMAPが、本件各譲渡において、本件株式購入における取得単価と同一の単価で譲渡していることについて、日本IBMの営業収益の減少や日本IBMの発行済株式数の減少による日本IBMの株式の価値の変動を考慮しておらず、独立当事者間の通常の取引とは異なると主張した。

2 IBM事件控訴審判決の判断

IBM事件控訴審判決は、平成14年譲渡において、当初決定されていた譲渡価額が1株当たり30万5,586円であったこと、平成14年譲渡および平成17年譲渡において譲渡株式数や1株当たりの譲渡単価が事後的に修正されたことについて、法人税法132条の不当性要件の該当性については、最終的に行われた取引を対象として判断されるべきものであり、最終的な取引の確定に至るまでの譲渡価格や譲渡株式数の修正等の事情は、独立当事者間の通常の取引とは異なる取引がされた可能性を示唆する事情にはなり得るとしても、それ自体では、最終的に行われた取引が、独立当事者間の通常の取引とは異なる取引であることを基礎付ける評価根拠事実にはなり得ないとの判断を示した。

また、本件各譲渡における譲渡価額については、①本件株式購入の取得価額は、IBMグループに属しない専門業者の作成した株式評価書に基づいて決定されており、平成14年譲渡においてそれを直近の取引実例価額として参照することは独立当事者の通常の取引と異なるものということはできない、②専門業者の作成した株式評価書で前提としていた予測値よりも営業利益の実績値は下回っていたものの、日本IBMが取得した自己株式を消却していたことから、日本IBM株式の1株当たりの価値が上昇する要素もあり、また、専門業者に依頼して株式価値を算定することは高額の費用を要するという事情も認められるから、平成15年譲渡および平成17年譲渡において本件株式購入時取得価額と同一の価額で譲渡したことをもって、独立当事者間の通常の取引と異なるとは認められない、③取得価額と同一の譲渡価額で日本IBMによる自己株式の取得に応じても、日本IBMから交付を受けた金銭のうちみなし配当の額は、所得の計算上益金の額に算入されず、そのまま譲渡に係る譲渡損失額となって所得の金額の計算上損金の額に算入され、課税所得を打ち消すことになるから、独立当事者の内国法人であっても取得価額と同一の譲渡価額で日本IBMの自己株式の取得に応じる取引をすることは十分あり得た等と指摘した。

　その上で、IBM事件控訴審判決は、課税当局は本件各譲渡が独立当事者間の通常の取引と異なると主張しているのにもかかわらず、独立当事者間の通常の取引であれば、どのような譲渡価額で各譲渡がされたはずであるのかについて何ら具体的な主張立証をしておらず、課税当局の主張は、本件各譲渡における譲渡価額の当否を問題とするのではなくもっぱらIBMグループにおける親子会社関係にあったIBMAPと日本IBMとの間でなければ本件各譲渡をすることはできなかったという意味で独立当事者間の取引と異なると主張するものと解したとしても、上記説示からすれば、独立当事者間の内国法人であれば、取得価額と同じ譲渡価額で日本IBMによる自己株式の取得に応じるという取引があり得なかったと認めることもできな

いというべき等との判断を示した。

3 検討

　以上のようなIBM事件控訴審判決の判示からすると、独立当事者間の通常の取引と異なるか否かについては、最終的に行われた取引を対象として判断され、最終的に行われた取引の確定に至るまでの取引条件の修正等の事情は、それ自体では、独立当事者間の通常の取引とは異なる取引であることを裏付ける事情とはならないということがいえる。したがって、通常独立した当事者間であれば、慎重な交渉を経て取引条件が決まるのが通常であり、例えば親子会社間取引において親会社が一方的に取引条件を決めるというようなことがあったとしても、そのような交渉経緯は独立当事者間の通常の取引と異なることを根拠付けるものではなく、最終的に決まった取引条件について、独立当事者間の通常の取引と異なるか否かが判断されることとなる。

　また、独立当事者間の通常の取引と異なる場合というのは、取引の価額が独立当事者間の通常の取引と異なる場合か、独立当事者間であれば通常できない取引であるということとなる。そして、取引の価額が独立当事者間の通常の取引と異なるとの主張を行う場合には、課税当局は、独立当事者間の通常の取引であればどのような価額で取引がなされたのかを主張・立証する必要があるということになる。

　独立当事者間であればできない取引というのが、具体的にどのような場合であるのか、必ずしも明らかではなく、納税者の予測可能性の点で問題となるのであるが、例えば、取引の条件が一方的に一方当事者にとって有利なものとなっていて、独立した当事者間であれば通常他方の当事者がそのような不利な条件に応じるとは考えられないような場合が想定される。ただ、グループ間とはいえ、そのように一方当事者に一方的に有利な取引が行われる場合というのは、その結果として税負担が軽減される効果があ

る、あるいは、会計上グループ間で利益を付け替える必要がある、あるいは、そのような不利な条件での取引を行うことによって何らかの規制を免れる等特別の目的がある場合であり、通常の事業上の必要性に基づいて、そのように一方当事者に一方的に有利な取引が行われる場合というのは通常は想定しがたいものと思われる。税負担軽減以外の事業目的の有無については、確かに立証上難しい面はあると思われるが、一方当事者に一方的に有利な条件で取引が行われるなど独立した当事者間であれば通常あり得ない取引について、課税当局あるいは裁判所を説得できるだけの合理的な事業上の必要性ないし事業目的を主張することは難しいように思われる。すなわち、独立当事者間であれば通常あり得ない取引が、合理的な事業上の必要性ないし事業目的に基づいて行われることは通常考えがたいのである。なお、IBM事件控訴審判決の判示に従うと、同族会社が、税負担を軽減する目的ではなく、何らかの法規制を免れるなどの目的で、独立当事者間であれば通常あり得ない取引が行われて、その結果、当事者が意図していなかった税負担の軽減の効果が生じた場合、法人税法132条の不当性要件を満たすこととなるが、そのような場合に、法人税法132条を適用して否認することが、法人税法132条の趣旨に合致したものかどうかは議論のあるところではないかと思われ、第3編第2章Q12において詳しく述べるが、否認を行う場合でも、寄付金ないし受贈益として処理することが妥当である場合が多いのではないだろうか。

　また、独立当事者間の通常の取引と異なる場合のもう1つの類型である取引価額が独立当事者間の通常の取引と異なる場合については、IBM事件控訴審判決は、課税当局において独立当事者間の通常の取引であればどのような価額で取引がなされたのかを主張・立証しなければならないものとしている。しかしながら、移転価格税制のように独立当事者間価格を算定する方式が法令で定められている場合と異なり、独立当事者間の通常の取引であればどのような価額で取引がなされたのかを主張・立証するこ

とはきわめて難しいといわざるを得ない。例えば、IBM事件において問題となった非上場株式の取引価額についていえば、複数の独立当事者間の取引が同時に行われた場合であっても、それらの取引価額が一致することは想定しがたいといわざるを得ない。通常参考とされる株価算定書も、作成者毎にその算定価格は変わり得るし、仮に同じ株価算定書を前提としたとしても当事者間の交渉によって取引価格には幅が出てくるのが通常であろう。したがって、本件においても、課税当局が、独立当事者間であれば、本件各譲渡における取引がどのような価額で行われていたのかを、ピンポイントで算定し、それが唯一の独立当事者間の通常の取引における価額であると立証することはおよそ不可能であるといわざるを得ない。仮に、独立当事者間における通常の取引価額がいくらであるのかをピンポイントで立証することができる場合があったとすると、それは、誰が見てもその価格で取引するという価額であり、それ以外の価額での取引はあり得ないというような場合であると考えられるが、そのようなケースにおいて、通常の取引価額ではない価額で取引するということに、合理的な事業上の目的や必要性を見いだすことは困難であり、結局は、合理的な事業上の必要性や事業目的に基づかない取引ということになると思われる。

また、独立当事者間であれ、どのような価額で取引するのかについて、ピンポイントでこの価額以外ではあり得ないというところまでの主張・立証までは不要であり、課税当局において、独立当事者間であれば取引するであろう価額であることを合理的な範囲で立証できれば、納税者側において、それが独立当事者間の通常の取引価額とは異なることを立証しなければならないとするような考え方もあり得る。しかしながら、その場合、IBM事件控訴審判決における判示を前提とすれば、課税当局が合理的な範囲で立証した独立当事者間の取引価額から、一定の合理的な幅の範囲内に入っていれば独立当事者間の取引においてその取引価額での取引に応じなかったとまではいえないものと思われ、課税当局側は、独立当事者間であ

れば取引をするであろう価額であることを合理的な範囲で立証するとともに、実際の取引価額が、課税当局の主張する価額からの乖離が合理的な範囲を超えており、独立当事者間の取引においては取引に応じなかったものであることまでを主張・立証する必要があるものと解される。

したがって、実務的には、仮に、独立当事者間の通常の取引価額と異なる価額での取引として認定される場合があったとしても、それは、当該取引価額が合理的な価格ではないことが明白であるような場合に限られることになると考えられる。そして、そのように不合理な価額での取引が行われる場合というのは、税負担の軽減あるいは利益の付け替え等の目的で行われる場合であって、合理的な事業目的ないし事業上の必要性に基づいて行われるというようなことは想定しがたいように思われるのである。

4 独立当事者間の取引とは異なる場合についてのまとめ

IBM事件控訴審判決は、不当性要件が充足されるために、常に税負担軽減目的が認められる必要があるとはいえないと判示し、行為または計算が独立当事者間の通常の取引と異なる場合には、もっぱら税負担軽減の目的で行われたと認められない場合であっても、経済的合理性を欠く場合に該当する旨の判示を行った。しかしながら、上記のとおり、具体的なあてはめにおいて示された独立した当事者間の通常の取引とは異なる場合についての解釈を検討すると、IBM事件控訴審判決は、事業上の必要性や合理的な事業目的に基づく取引であるとは到底認めがたい場合や、それが合理的な取引価額ではないことが明白であるような場合を独立当事者間の通常の取引とは異なる場合として認定できるものと考えているものと解することができる。

IBM事件控訴審判決が、独立当事者間の通常の取引と異なっている場合は、経済的合理性を欠くものとした点については、納税者の予測可能性を害するという点で問題があるように思われるが、実務的には、独立当事者

間の通常の取引と異なっているものとされる場合は限定的であり、通常の事業の過程で行われる取引に関して、それが独立当事者間の通常の取引と異なると認定されることは実務的には考えにくいということがいえるように思われるのである。したがって、IBM事件控訴審判決を前提としても、法人税法132条の適用を受けないようにするために、同族会社がグループ間で取引を行う場合に、移転価格税制と同じように詳細な取引価格算定の根拠資料をそろえておくまでの必要はないと思われる。また、IBM事件控訴審判決を前提としたとしても、課税当局が独立当事者間の通常の取引とは異なるという認定だけを根拠として法人税法132条の適用を行うという可能性は低く、やはり、行為または計算が法人税の負担を軽減することを目的として行われたものであると課税当局が認定することが、法人税法132条を適用する場合の前提になるものと考えられるのである。

第7節 補足

　最後に、法人税法132条の不当性要件とは直接の関係はないが、IBM事件によってもたらされたと感じる否認についての考え方の変化に関し、付言する。

　IBM事件については、本件各譲渡によって生じた株式譲渡損失の額が巨額であり（平成14年譲渡、平成15年譲渡および平成17年譲渡で、それぞれ、約1,980億円、約213億円、約1,800億円）、当該株式譲渡損失額に基づく繰越欠損金と日本IBMの所得が相殺されることによって、日本IBMが日本における事業によって稼得した所得に対する課税が大幅に軽減されることとなり、しかも、それが、みなし配当に伴う株式譲渡損失額であって、税法に基づく計算上の損失額である（IBMAPは取得価額と同額で譲渡したものであり、実質的な経済的損失は生じていないと評価できる）という点で、課税当局としては、そのまま容認することはできないと感じる事案であったと考えられる。すなわち、実質的な経済的状況と課税の状況にギャップが生じており、経済的・実質的には所得が生じているにもかかわらず、税法上の規定が適用されることによって、当該所得に対する課税が行われないという状態になっていることについて問題意識をもったことがIBM事件における最初の着眼点であったと推測できるのである。なお、このような問題意識は、最近のBEPSの議論の出発点となる問題意識と共通している点があると解され、課税当局の立場としては理解できるものである。

　したがって、IBM事件については、課税当局としては、そのままの税務

処理を容認しがたいのではないか、というところから税務調査を進め、何らかの手法で否認できないかということを模索する中で、最終的に法人税法132条を適用するという結論に至ったのではないかと推測される。

IBM事件について最初に更正処分がなされたのは平成22年2月19日であるが、その少し前に、税負担を軽減することを目的としたスキームが用いられたと考えられる事案について、いくつかの重要な裁判例が出されており、そのことがIBM事件における課税当局の判断に何らかの影響を与えているように思われる。

すなわち、航空機リースを利用した税負担の軽減事案(名古屋高判平成17年10月27日税資255号順号10180等。以下「航空機リース事案」という)、外国税額控除制度を利用した税負担の軽減事案(最判平成17年12月19日民集59巻10号2964頁等。以下「外国税額控除事案」という)、フィルムリースを利用した税負担の軽減事案(最判平成18年1月24日民集60巻1号252頁)、匿名組合契約と日蘭租税条約の「その他所得」条項を利用した税負担の軽減事案(東京高判平成19年6月28日判時1985号23頁。以下「ガイダント事件」という)などの事案について、判決が相次いで出されており、それらの判決についての評釈や、それらの判決を受け、税負担軽減を図る行為についてどう考えるかについての論考が数多くなされた後のタイミングでIBM事件についての処理が行われているのである。

航空機リース事案等上記に挙げた事例は、いずれも明文の否認規定が存在しない場合でも、契約解釈(契約書の記載にかかわらず、契約当事者の真意に照らした真実の法律関係に基づく課税)、事実認定・私法上の法律構成論(私法上の当事者の真の意志に基づく事実認定を行いその結果として課税が行われるとするもの)、さらには、課税減免規定の限定解釈といった考え方に基づき否認が可能であるという主張を課税当局は行っていたものである。

IBM事件について、否認を行うことの検討をしていた課税当局においては、航空機リース事案等と同様、いわゆる事実認定・私法上の法律構成論

や課税要件規定あるいは課税減免規定の限定解釈の手法をIBM事件に適用することも考えたのではないかと推測されるが、最終的には、明文のない否認の考え方は採用できないものという結論に至ったのであろう。いわゆる事実認定・私法上の法律構成論については裁判所に採用される可能性が低いと考えたのかもしれないし、課税要件規定あるいは課税減免規定の限定解釈の手法を課税当局が積極的に採用することについては、租税法律主義との関係での躊躇があったのかもしれない。いずれにせよ、IBM事件以降は、いわゆる税負担軽減を目的としたスキームと目される事案について、明文の規定に基づかない否認という処分は行われなくなったのではないかと推測され、明文の規定である法人税法132条等の包括的否認規定を活用しようという方向に舵が切られたのではないかと思われるのである。そのような意味で、IBM事件は、税負担軽減を目的としたスキームと目される事案に対する課税当局の考え方の変化を示した事案という点での意味も有しているように思われるのである。

第5章

ヤフー・IDCF事件、IBM事件を受けての実務上のポイントのまとめ

以上、本編において述べたところをまとめると、法人税法132条の適用が問題となるケースにおいても、法人税法132条の2の適用が問題となるケースにおいても、実務的には、行為または計算が、事業上の必要性や事業目的に基づいて行われている場合には、基本的には、不当性要件を満たさないものとされる可能性が高いということができる。したがって、組織再編成や同族会社の取引において、特に法人税の負担軽減を意識することなく組織再編成を実施し、取引を進める限りにおいては、実務的には、法人税法132条の2または法人税法132条の適用により否認されることを想定する必要はないであろう。

　また、課税当局においては、ある行為または計算が行われる前と後で、経済的、実質的な変更が生じていないように見えるにもかかわらず、税負担が大幅に軽減されるという結果が生じているような場合には、直接的に当該行為または計算が税負担の軽減を目的として行われたものであることを裏付ける根拠が乏しい場合でも、税負担軽減目的で行われたものとして、不当性要件を充足するものと認定する可能性があるということについては、実務上の課税当局への対応という観点から留意しておく必要があるであろう。

第6章

包括的否認規定の適用が問題となった他の事例について

　第2編第6章においては、新聞報道等を基に、行為計算否認規定が適用されたものと推測される事案を3件取り上げて、これまでに検討したヤフー・IDCF事件およびIBM事件についての裁判所の判断から導かれる実務上のポイントという視点での考察を含め、検討することとしたい。

第1節 パチンコチェーンの組織再編成事案

1 はじめに

　平成24年2月、パチンコ店をチェーン展開する約40の企業グループが、東京国税局などの一斉税務調査を受けて、総額約1,000億円の申告漏れを指摘されていた旨の報道がなされた[8]。東京都内の税理士が運営するコンサルティング会社の指南を受け、企業が組織を再編成する際の制度を利用して損失をふくらませる手法が使われたとされており、課税当局は、租税回避にあたると判断した旨の報道がなされている。一部の報道では、「法人税の負担を不当に減少させる」行為に当たると課税当局が判断したとされており、行為計算否認規定の適用が問題となったのではないかと推測される。ただし、報道によれば、大半の企業グループは指摘に従って修正申告をしたと報道されており、実際に、行為計算否認規定が適用されて更正処分がなされたというわけではなさそうである。実際にどのようなスキームが使われたのかについては、報道の内容が断片的であることから詳細は不明であるが、適格組織再編成においては移転資産の簿価が引き継がれることを利用して、含み損を抱えた資産を移転資産とする現物出資等を繰り返すことで含み損を抱えた資産を保有する子会社を次々に設立し、その後、

---

[8] 東京読売新聞平成24年2月12日朝刊、朝日新聞平成24年2月13日夕刊、日本経済新聞平成24年2月13日夕刊等。

含み損を抱えた資産を譲渡することで譲渡損失を計上し、当該譲渡損失を利用して税負担の軽減を図ったというもののようである。

　以下、詳細について検討する。なお、報道の内容は断片的なものであり、各紙によってその内容が必ずしも一致していないようにも思われることから、以下においては、推測の部分が多く、必ずしも実際の事案どおりではない可能性がある旨、留意願いたい。

2　スキームの概要

　新聞報道から推測すると、問題とされたスキームは以下のようなものであったと考えられる（なお、このスキームについては、以下「本スキーム」と呼ぶこととする）。

① 　親会社P社が、含み損を抱えた不動産や株式などの資産を現物出資することにより子会社A社を設立する。この現物出資は、適格現物出資として行われることにより、含み損を抱えた資産は、含み損を抱えたまま簿価で子会社に引き継がれるとともに、親会社P社が取得する子会社A社の株式の簿価は、含み損を抱えた資産の簿価と同額となり、子会社A社の株式について含み損を抱えることとなる（なお、適格分割を用いることによって、同様の結果を得ることも可能であり、適格分割が使われたことをうかがわせる報道もあるが、便宜上、現物出資を例に検討する）。

② 　次に、P社は、子会社A社の株式を現物出資することにより、子会社B社を設立する。この現物出資も、適格現物出資として行われることにより、A社の株式は、含み損を抱えた簿価のままB社に引き継がれるとともに、P社が取得するB社株式の簿価も、A社株式の簿価が引き継がれるため、同様に含み損を抱えることとなる。

③ 　さらに、同様に、P社は、含み損を抱えた子会社株式を繰り返し現物出資して子会社C社およびD社を設立する。これらの現物出資も

すべて適格現物出資として行われることにより、設立された子会社 C 社および D 社は、含み損を抱えた資産を保有する会社となり、P 社が取得する子会社株式も同額の含み損を抱えることとなる。
④ ②～③において設立された子会社 B 社～ D 社は、含み損を抱えた子会社株式を売却等する（当時は、いわゆるグループ法人税制が導入される前であり、完全支配関係のあるグループ会社間の売買でも、譲渡損益が繰り延べられることはなかったことから、グループ間での売却を行ったものと推測され、ここでは、P 社に売却したものとする）ことにより、含み損を資産の譲渡損失として実現し、子会社 B ～ D 社には他に所得がないことから、当該譲渡損失は未処理欠損金となる。
⑤ 未処理欠損金を有する子会社を利益の出ているグループ会社 E 社と合併させることにより、利益の出ているグループ会社の税負担を軽減させる。

本スキームを図示すると、**図表4**のとおりとなる。

新聞報道の中に「A社株式の含み損が、B社やC社などに"コピー"され、それぞれの株を時価で売却することで、損失を膨らませていった」との記載が見受けられる[9]が、本スキームの特徴は、時価が簿価を下回る資産、すなわち、含み損を抱えた資産を保有する会社が、当該含み損を抱えた資産を移転資産とする適格現物出資を行うことによって、含み損を抱えた資産を保有する新会社を設立することが可能となるとともに、現物出資法人が取得する子会社株式も同額の含み損を抱えた資産となるということである。すなわち、組織再編成前は、含み損を抱えた資産を保有する会社が1社だったのに、組織再編成を経て、含み損を抱えた資産を保有する会社が「コピー」されたかのように、同額の含み損を抱えた資産を保有した会社が2社になっているという点が本スキームの特徴である。しかも、この

---

[9] 東京読売新聞平成24年2月12日朝刊

図表4　本スキーム概要図

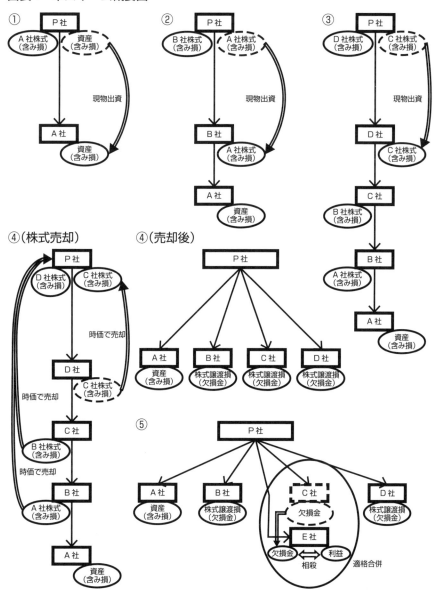

「コピー」は何度でも繰り返しが可能であり、理論的には、同額の含み損を抱えた資産を保有する会社が無限に存在するという状況を生じさせることが可能となるのである。新聞報道の中には、「以前はグループ全体で5億円前後の法人税を納めていたが、約10年前に企業組織再編税制を利用した節税策を採用してから、ほぼ毎年法人税はゼロになった」との記載もされており、極限すれば、本スキームが認められると、半永久的に法人税の負担をほぼゼロにすることができるということになると考えられる。

また、本スキームは、コンサルティング会社（新聞によっては、元税理士、税理士事務所との記載もある）の指南によるものであるとされ、約40の企業グループが同様のスキームを用いていたとされており、税負担軽減のためのスキームとして、いわばパッケージとして提供されていたものであることが推測できる。したがって、上記①～④については、あらかじめ、定められた計画に従って行われたものと考えるのが自然であり、以下の検討においても、①を実行する前の段階であらかじめ①～④の行為を実施することが計画されており、その計画にしたがって、①～④が実行されたことを前提として検討を進めることとしたい。

3 不当性要件の該当性

新聞報道において、「国税当局は、租税回避行為にあたると判断した」との記載や「法人税法に規定された『法人税の負担を不当に減少させる』行為にあたると判断した」との記載が見受けられることからすると、課税当局は、本スキームに対して行為計算否認規定を適用できるという前提で対応したものと推測できる。また、記事の中に「各グループは企業が組織を再編する際の制度を利用して法人税を圧縮しており、国税局は租税回避行為に当たると判断した模様」との記載や「企業組織再編税制を使って損失を膨らませる新手の節税策」との記載があることからすると、組織再編成にかかる行為計算否認規定である法人税法132条の2の適用が想定されていた

のではないかと推察できる。

　以下では、法人税法132条の2の適用を念頭において、不当性要件の該当性について検討することとしたい。

　ヤフー・IDCF事件最高裁判決は、法人税法132条の2の不当性要件について、第1編第2章において記載したとおり、濫用基準を採用し、①行為または計算が、通常は想定されない組織再編成の手順や方法に基づいたり、実体とは乖離した形式を作出したりするなど、不自然なものであるかどうか、②税負担の減少以外にそのような行為または計算を行うことの合理的な理由となる事業目的その他の事由が存在するかどうか等の事情を考慮した上で、当該行為または計算が、組織再編成を利用して税負担を減少させることを意図したものであって、組織再編税制に係る各規定の本来の趣旨および目的から逸脱する態様でその適用を受けるものまたは免れるものと認められるか否かという観点から判断すると判示した。

　これを本スキームに当てはめて考えてみると、保有する子会社株式を移転資産として現物出資を行い、新たな子会社を設立するという行為を繰り返すことについて、通常、何らかの事業上の必要性や事業目的が存在するということは想定しがたいように思われる。もちろん、組織再編成の過程で、何らかの必要性に基づいて子会社株式を移転資産とする現物出資を行う必要が生じることは否定できないものの、それを繰り返し行って、グループ会社の株式のみを保有資産とする子会社を多数設立する必要性は考えにくく、また、設立後、その子会社が保有する株式を親会社が取得することがあらかじめ決まっているということについても、事業上の必要性や目的を認めることは困難であろう。また、単にグループ会社の株式を一時的に保有し、その株式を譲渡することで損失を計上した後、合併によって消滅することが予定されている法人というような存在が、まったく実体を伴わない存在であるということについても争いは生じないのではないかと思われる。そして、含み損を抱えた資産を対象とする適格現物出資を繰り

返すことで、含み損を抱えた資産を保有する実体の伴わない法人を多数設立し、当該含み損を抱える資産を譲渡することで損失を実現させ法人税の負担を軽減させるという行為が、適格組織再編成という制度の本来の趣旨および目的から逸脱する態様でその適用を受けるものということもいえるであろう。この点、ヤフー・IDCF事件最高裁判決は、「組織再編税制の基本的な考え方は、実態に合った課税を行うという観点から、原則として、組織再編成により移転する資産及び負債についてその譲渡損益の計上を求めつつ、移転資産等に対する支配が継続している場合には、その譲渡損益の計上を繰り延べて従前の課税関係を継続させるというものである」としており、本スキームにおいて、完全支配関係が継続していることからすると、移転資産等に対する支配が継続しており適格組織再編成であることは、制度の本来の趣旨および目的に反するものではないともいえそうであるが、組織再編税制は、税負担軽減のみを目的として、実体のまったく伴っていない組織再編成を実行するというような不自然な行為を前提としているものではないことは明らかであって、事業上の必要性や目的がなく、まったく実体が伴っていないにもかかわらず、税負担軽減のみを目的として行われる適格組織再編成については、当然に、組織再編税制という制度の本来の趣旨および目的から外れた行為であることは明らかであると解せられる。

　したがって、本スキームについては、特段の事情がない限り、ヤフー・IDCF事件最高裁判決が判示した濫用基準に該当し、法人税法132条の2の不当性要件を満たすものと考えるのが自然であろう。なお、ヤフー・IDCF事件控訴審判決は、経済合理性基準と趣旨・目的基準の2つの基準を挙げていたが、本スキームについては経済的取引として不自然・不合理であり、経済的合理性基準に該当するものとも考えられるのではないだろうか。

　なお、本スキームについての報道がなされたのは平成24年2月であり、

ヤフー・IDCF事件最高裁判決がなされる前であるから（ヤフー・IDCF事件について第一審判決さえ出ていない時期である）、課税当局が本スキームについて検討するに際しては、ヤフー・IDCF事件において示された考え方は前提とされていないことは明らかであり、以上の検討は、あくまで、本スキームにヤフー・IDCF事件最高裁判決において示された濫用基準を仮に当てはめてみるとしたら、どのような結論が導かれるのかを検討したものであることを念のために付言する。

4 実務的なポイント——節税スキーム

　これまでにヤフー・IDCF事件およびIBM事件において示された裁判所の判断を前提としながら、実務上のポイントとして述べてきたことに照らして、本スキームについて若干付言する。

　まず、最初にいえることは、本編第1章第5節において述べたとおり、法人税の負担を減少させることを目的としたスキームとして、あらかじめ立てられた計画に沿って実行される組織再編成については、課税当局側において、法人税法132条の2の不当性要件を満たす可能性があるのではないかとの問題意識をもつ可能性がきわめて高いのであり、本件については、本スキームの外形的事実関係と1つのコンサルティング会社が約40もの企業グループに対して同様のスキームを指南しているという外形的な事実が明らかになった時点で、課税当局としては、不当性要件を満たす可能性が高いと判断したのではないかと考えられる。

　したがって、本スキームについて、課税当局が、法人税法132条の2の適用を前提として対応したことは、ある意味当然のことであると思われるのであり、法人税の負担を減少させることを目的としたスキームとして、あらかじめ立てられた計画に沿って実行される組織再編成については、法人税法132条の2が適用される可能性が高いということを裏付ける実例といえるであろう。

新聞等で報道されているように、税理士に対して、企業に提供している節税策を報告することを義務づけることを内容とする法改正が検討されている[10]。これは、いわゆるBEPS（税源浸食と利益移転）プロジェクトとしてOECDが策定したBEPS行動計画の1つとして、「濫用的なタックス・プランニングの取決めの開示義務」(Require taxpayers to disclose their aggressive tax planning arrangement)が掲げられたことを受けての税制改正であり、2018年度からの実施が想定されているようである。開示の対象となる基準として、①租税回避によって成功報酬を受け取る、②納税額を減らすための税務上の損失を生み出す、③納税者側が守秘義務を負っている、などが検討されているとの報道がなされている。そして、不開示に対しては罰則が科せられる見通しである。開示対象とされるスキームがすべて否認の対象となるものではないと思われるが、個別的否認規定や行為・計算否認規定の適用が可能な場合には、否認の対象とされることが想定される。また、否認の対象とならないスキームについては、場合によっては、税制改正によって税制の抜け道を防ぐということが想定される。

　仮に上記開示義務が法制化されていたとすれば、本スキームは、含み損を抱えた資産を作り出した上で譲渡損失という税務上の損失を生み出していること等に照らして、開示の対象となっていた可能性が高いと思われ、その場合には約40もの企業グループが本スキームを採用する以前の段階で、法人税法132条の2の適用が問題となっていた可能性が高いであろう。したがって、今後は、このようなスキームを用いた税負担の軽減を実行することは極めて難しいものとなることが予想される。

5　実務的なポイント──事業目的について

　本スキームについては、上記のとおり、税負担の軽減を目的としてあら

---

[10]　平成28年5月26日付日本経済新聞朝刊等

かじめ定められた計画に従って実行された可能性が高いと思われ、事業上の必要性ないし合理的な事業目的に基づいて実行されたものではないということは、ある程度明らかであるように思われる。あえて含み損を有する資産を現物出資することで子会社を設立し、当該現物出資によって設立された子会社の株式を移転資産とする現物出資をし、それを何度も繰り返して行った上で、設立された子会社が設立時に移転資産として取得したグループ会社の株式を譲渡して譲渡損失を計上するという一連の行為をあらかじめ計画し、実行することに、税負担の軽減以外の事業上の必要性や合理的な事業目的があったとは想定しがたい。特に、グループ会社の株式を移転資産とする現物出資を行ってグループ会社を設立しながら、移転資産として取得したグループ会社の株式を譲渡することが事前に予定されていたとすると、当該グループ会社の株式を移転資産とする目的を説明することは困難であろう。

　しかしながら、あくまで推測に過ぎないが、本スキームを立案した者は、本スキームに基づく組織再編成について、事業上の目的があったという説明を用意していたのではないかと考えられる。

　法人税法132条の不当性要件について、経済的合理性基準によるというのが判例の考え方であり、経済適合性を欠く場合とは、「それが異常ないし変則的で租税回避以外に正当な理由ないし事業目的が存在しないと認められる場合」であるというのが有力な学説の考え方であった。本スキームが問題となった当時、未だヤフー・IDCF事件について第一審判決も出されておらず、文言が似ていることからすると、法人税法132条の2の不当性要件の解釈については、法人税法132条の不当性要件についての判例や学説の考え方が参考とされていたものと考えられることからすれば、組織再編成について正当な事業目的に基づくものであれば、不当性要件を満たさないというような考え方が実務的には一般的であったように思われるのである。そして、そのような考え方が一般的であったとすれば、スキーム

考案者は、本スキームについても、課税当局に対して、正当な事業目的に従って行われたものであるという説明ができるように準備していたのではないかと推察されるのである。

例えば、グループ会社を多数設立することについて、将来的に事業を行うための受け皿として事前にたくさんの会社を設立したというような説明が可能であるかもしれない。また、多数の受け皿が必要な理由としては、例えば、パチンコ店1店ごとに別法人とすることによって、営業停止処分等の行政処分を受けたとしても他の店に影響が及ぶことがないようにするためであるというような説明も考えられる。そして、受け皿となる会社を多数設立するに際しては、例えば、会社の信用性を高める上で資本金の額を多くする必要があり、グループ会社の株式を移転資産とすることによって、目標とする資本金の会社を多数設立することが可能となった、というような説明もあり得る。移転資産として取得したグループ会社の株式を譲渡したのは、設立した多数のグループ会社をすべてP社の直接の子会社とすることによって、グループ会社間の関係を整備することを目的とするものであるというような主張がなされるかもしれない。また、E社とC社の合併については、出店を予定したパチンコ店について、出店が取りやめとなったことに伴い受け皿となる会社が不要になったことから、合併により消滅させたというような説明も考えられる。

本スキームについては、約40もの企業グループが同様の方法を採用していたことからすると、本スキームはあらかじめ決められたスキームであることは容易に認定できるであろうし、本スキームの一連の行為がすべて事前に計画されていたということが認められれば、上記のような説明が不合理であることは明らかであるといえよう。しかし、仮に、本スキームを実行したのが、1つの企業グループのみであって、あらかじめ周到な準備をして、本スキームの一連の行為がすべて事前に計画されていたことや税負担軽減を目的としていたことをうかがわせるような資料等を残さず、か

つ、上記で述べたような本スキームで実行した行為が税負担軽減以外の目的で行われたことを裏付けるような検討資料等を作成していた場合、場合によっては、税負担軽減目的の認定に困難が生じる可能性もないとはいえないであろう。

　第1編において記載したとおり、IBM事件控訴審判決が、法人税法132条の不当性要件に関する解釈ではあるが、「法人の諸活動は、様々な目的や理由によって行われ得るのであって、必ずしも単一の目的や理由によって行われるとは限らないから」「租税回避以外に正当な理由ないし事業目的が存在しないと認められるという要件の存否の判断は、極めて複雑で決め手に乏しいもの」となり、不当性要件を充足するものとして行為計算否認規定を適用することが事実上困難になるという判示をしているが、そのような事業目的の有無を不当性要件充足の基準とすることに対する懸念は、上記のように、税負担を軽減することを目的としたスキームであったとしても、周到な準備をして、税負担軽減を目的としていることをうかがわせる資料等を残さず、税負担軽減以外の目的で行われたことを裏付けるような資料等を作成していたような場合に当てはまるのではないかと思われる。すなわち、まさに、本来行為計算否認規定を適用すべき事案において、逆に適用が困難になる場合があり得るということへの懸念としても読むことができるように考えられるのである。

　もちろん、本スキームについて考えると、たとえ周到な準備により、税負担軽減を目的としていることをうかがわせる資料等を残さず、税負担軽減以外の目的で行われたことを裏付けるような資料等を作成していたような場合であっても、客観的な事実関係から、ただちに、税負担軽減以外の事業上の必要性や合理的な事業目的は認められないとの認定は十分可能であろうと思われるが、本件のようなある意味あからさまなスキームとまではいえないようなケースでは、真実は税負担軽減を目的としたスキームであったとしても事前に周到な準備をしていれば、税負担軽減を目的とした

行為であるのか否かの認定が難しいというようなケースがないとはいえないであろう。税務調査については、あくまで任意調査(調査拒否には罰則があるものの、強制的に資料を捜索・押収することはできない以上、課税当局による証拠収集には限界があるというのが現実である)であることを考慮すると、IBM事件控訴審判決が示した懸念にうなずける点がないとはいえないであろう。

6 その他

　本スキームは、平成22年度改正によりグループ法人税制が導入される前の事案であり、グループ法人税制導入後は、完全支配関係のあるグループ内における資産の譲渡については、譲渡損益の実現が繰り延べることとなるため、現物出資の移転資産として取得したグループ会社の株式を完全支配関係のある親会社P社に譲渡した場合、譲渡損失は計上されないこととなり、本スキームをそのままの形で使うことはできなくなったといえる。しかしながら、例えば譲渡先の会社の株主に一部従業員を加えるなどして、完全支配関係のないグループ会社への譲渡という形をつくり出すことは可能であり、グループ法人税制によって本スキームによる税負担軽減が不可能になったとはいえないであろう。一部報道では、「子会社を設立する際には、株主に従業員など第三者を加え、100%子会社ではないように装っていたという」との記載があり、完全支配関係のない子会社を設立するに際して含み損を抱えた資産を移転資産とする現物出資を行うなどの手法で譲渡損失を実現させていたようなケースもあったようである。

　このようなことが可能となるのも、組織再編成を実施するに際して、いろいろな手法を取ることができるからであろうし、本スキームは、比較的容易に組織再編成を利用して税負担の軽減を図ることが可能であることを示す一例としての側面も持っているといえよう。

第2節 組織再編成を利用した欠損金取込み事案

1 はじめに

　平成25年4月、アパレル等の事業を営む企業グループの中核会社ET社が、グループ内の赤字法人を吸収合併して欠損金を引継いだ上で、被合併法人の事業を分割により別会社に移していたという事案について、東京国税局が、租税回避行為に当たると判断したとみられるとの報道が行われている[11]（以下「ET事案」という）。ET事案についても、本章第1節で紹介した事案と同様、ET社は、東京国税局の指摘を受けて修正申告を行っている模様であり、行為計算否認規定の適用による更正処分が行われたわけではないようであるが、課税当局は、行為計算否認規定が適用されるべき事案であると判断したものと推測される。報道の内容はごく簡単なものであるため、ET事案の詳細は不明であるが、新聞報道されたところ従って、どのような行為が行われたのかを推測し、「不当性要件」の充足の点を中心に検討を加えることとしたい。

　なお、ET事案についても以下の検討は、報道からの推測に基づくものであり、実際に行われた事案とは一致しない点がある可能性も否定できないので、その点はご留意願いたい。また、報道では、グループ内で合併や分割、商号変更などを100回以上繰り返していたとの記載も見受けられ、

---

[11] 平成25年4月16日付東京読売新聞朝刊、同日付日本経済新聞朝刊等

以下で検討するような組織再編成が、多数のグループ会社間で何度も繰り返し行われていた可能性がある。

2 事案の概要

新聞報道からすると、ET事案においては、以下のような手順で組織再編成が行われた模様である。

① アパレル等の事業を展開する企業グループの中核会社ET社は、グループ内の会社で未処理欠損金を抱えるWZ社を吸収合併した（以下「ET-WZ合併」という）。ET-WZ合併は、適格合併であり、ET社はWZ社の未処理欠損金を引き継いだ（新聞報道からは必ずしも明らかではないが、ET社とWZ社は完全支配関係にあるものの、完全支配関係が成立して以降にWZ社に発生した欠損金であることから、繰越欠損金引継要件を充足していたものとここでは仮定する。また、WZ社の欠損金は、WZ社の事業によって生じた損失であると仮定する）。

② ET-WZ合併と同日、ET社は、もともとWZ社が行っていた事業を対象として新設分割を行い、その後、当該新設分割によって設立された会社の商号をWZ社（以下「新WZ社」といい、ET-WZ合併により消滅した会社を「旧WZ社」という）に変更した（以下、旧WZ社が行っていた事業を対象とする新設分割を「WZ事業分割」という）。

③ この結果、旧WZ社の未処理欠損金がET社に引き継がれて、ET社の所得の計算上、約2億2,000万円が損金に算入されることによってET社の法人税の負担が減少した。一方、旧WZ社の行っていた事業はそのまま新WZ社に移転し、旧WZ社の事業形態に実質的な変更は生じていない。

以上を図示すると、**図表5**のとおりとなる。

報道によれば、課税当局は、ET-WZ合併に経済的合理性は乏しく、租税回避目的だったと判断したとされており、課税当局は、行為計算否認規

図表5　ET 事案概要図

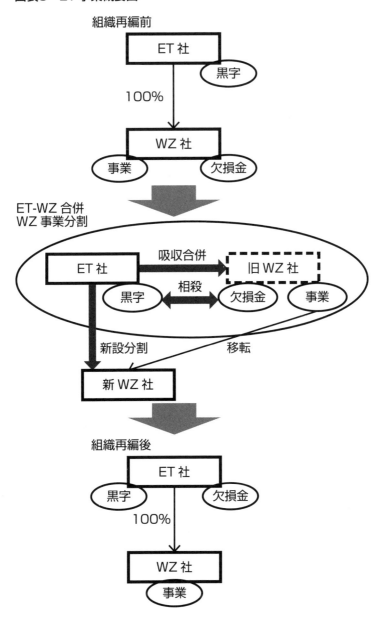

第6章　包括的否認規定の適用が問題となった他の事例について

定の適用を前提として問題点を指摘したのではないかと推測される。また、報道において「合併に経済的合理性は乏しく」、「繰越欠損金の引継を認める『企業組織再編税制』を利用」、「同国税局は租税回避にあたると判断」等の記載がなされていることからすると、課税当局は、組織再編成に関する行為計算否認規定である法人税法132条の2が適用されるとの判断を示した上で、納税者に対して修正申告を求めたのではないかと思われる。課税当局が、法人税法132条の2の適用を問題としたのか否かについて、実際のところは不明であるが、以下では、ET事案について法人税法132条の2を適用することを前提として、検討を加えることとしたい。

3 不当性要件について

本章第1節においても記載したとおり、ヤフー・IDCF事件最高裁判決は、法人税法132条の2の不当性要件について、濫用基準を採用し、①行為または計算が、通常は想定されない組織再編成の手順や方法に基づいたり、実体とは乖離した形式を作出したりするなど、不自然なものであるかどうか、②税負担の減少以外にそのような行為または計算を行うことの合理的な理由となる事業目的その他の事由が存在するかどうか等の事情を考慮した上で、当該行為または計算が、組織再編成を利用して税負担を減少させることを意図したものであって、組織再編税制に係る各規定の本来の趣旨および目的から逸脱する態様でその適用を受けるもの、または免れるものと認められるか否かという観点から判断すると判示した。

これを、ET-WZ合併について検討すると、合併後、ただちに、被合併法人が行っていた事業を切り出して、新設分割により新法人を設立するというような行為は、通常は想定されない組織再編成であることについては異論が出ないものと考えられる。また、そのような合併に税負担減少以外の合理的な理由となる事業目的その他の理由を想定することもきわめて困難であろう。実際にET事案について税務調査が行われた際、ET社あるい

はWZ社から、何らかの事業目的についての説明がなされた可能性も否定することはできないが、客観的事実関係に照らして、被合併法人の事業を合併後ただちに切り出しているにもかかわらず、当該合併に事業上の必要性ないし正当な事業目的があったとはおよそ考えられないであろう。あえて考えるとすれば、事業主体となっている法人格を変更することによって、何らかの行政的な規制や処分を免れようとしていたというような理由を考えることは可能であろうが、そのような目的については、旧WZ社が事業を対象とした新設分割によって、直接新WZ社を設立することによっても実現することが可能と思われ、あえて、ET社によるWZ社の合併を経由させる必要性はなく、ET社によるWZ社の合併を経由させた目的については、旧WZ社の未処理欠損金を利用してET社の法人税の負担を軽減するということ以外にはおよそ考えられないといえるだろう。

　ところで、法人税法57条2項は、適格合併の場合には被合併法人の有する未処理欠損金額を合併法人に引き継ぐことを認め、ただし、適格合併が企業グループ内で行われる場合には、一定の場合には未処理欠損金の引継ぎに制限が加えられる旨が法人税法57条3項において規定されている。ET-WZ合併に関しては、引継ぎの対象となる未処理欠損金額が、ET社とWZ社との間に完全支配関係が生じて以降に生じたものであるとすれば（あるいは、ET社とWZ社との間に完全支配関係が生じてから5年以上が経過している場合も同様のことがいえる）、法人税法57条3項において、繰越欠損金の引継ぎは制限されないこととなり、ヤフー事件の本件副社長就任のように、法人税法57条3項に定められた未処理欠損金の引継ぎの要件を満たすことを目的とし、他に合理的な事業目的がない行為が行われているわけでもないことからすると、ET-WZ合併が、果たして適格合併の場合に繰越欠損金の引継を認める法人税法57条2項、3項の本来の趣旨・目的を逸脱する態様でその適用を受けようとするものであるといえるのか、という点が問題となるように思われる。

ヤフー事件控訴審判決(ヤフー事件第一審判決も同様)は、法人税法57条3項について、「繰越欠損金が租税回避に利用されることを防止するために設けられた個別否認規定である」と判示しており、法人税法57条3項において、完全支配関係成立後に生じた未処理欠損金については、グループ会社間の適格合併における繰越欠損金の引継ぎが制限されない旨が明示されているのであるから、ET-WZ合併において未処理欠損金の引継ぎが認められるということは、法人税法57条2項、3項の趣旨・目的を何ら逸脱するものではないといえるようにも思われるのである。

　しかしながら、本章第1節においても記載したように、組織再編税制は、税負担軽減のみを目的として、実体のまったく伴っていない組織再編成を実行するというような不自然な行為を前提として制定されたものではないことは明らかであって、事業上の必要性や目的がなく、まったく実体が伴っていないにもかかわらず、税負担軽減のみを目的として行われる適格組織再編成については、当然に、組織再編税制という制度の本来の趣旨および目的から外れた行為であることは明らかであると解せられる。これをET事案についてみると、ET-WZ合併の直後に、被合併法人の事業がWZ事業分割によって、新WZ社に移転していることからすると、ET-WZ合併は、WZ社の未処理欠損金の取り込みのみを目的とした合併であり、事業を営むことを目的とした企業の合併としての実体をまったく伴わないものであることは明らかであって、ET-WZ合併が57条2項および3項の趣旨・目的を逸脱していることは明らかであろう。したがって、ET-WZ合併については、組織再編成を利用して税負担を減少させることを意図して行われていたものであって、組織再編税制の本来の趣旨・目的を逸脱する態様で、組織再編税制の個別規定である57条2項および3項の適用を受けるものであると認めることができるものと解せられる。

　なお、ET-WZ合併において、仮に、WZ社の事業を対象とする新設分割を行うことなく、WZ社における事業を合併後のET社において継続し

て行っていたとすると、その場合、法人税法132条の2の不当性要件を満たしていたのか、という点が問題となるように思われる。その場合には、元々の合併が欠損金の引継ぎを受けて税負担の軽減を図ることを目的としていたとしても、合併は実体を伴うものであり、法人税法57条2項、3項の規定に照らして、未処理欠損金の引継ぎの要件を満たすものであって、かつ、未処理欠損金引継の要件を満たすために、税負担軽減のみを目的とした不自然・不合理な行為が行われているものでもない以上、組織再編税制という制度の本来の趣旨・目的を逸脱しているとはいえないのではないかと思われる。もし、仮にそのような場合であっても、未処理欠損金の引継ぎを認めないのであれば、未処理欠損金の引継ぎに関する明文の規定を新たに設けた上で制限がなされる必要があると思われる。

　すなわち、税負担の軽減を目的とする組織再編成であったとしても、それが実体を伴った組織再編成であり、組織再編税制にかかる明文の規定に照らして税負担軽減の効果が認められるものであって、当該税負担軽減の効果を得ることを目的として、事業上の必要性や合理的な事業目的がないにもかかわらず不自然・不合理な一定の行為を行うというような事情が認められない場合には、組織再編税制にかかる個別規定の趣旨・目的を逸脱しているとも評価できないものと解せられるのである。

　実際に行われたET-WZ合併に関しては、合併の直後にWZ社の事業が分割により移転させており、事業という観点からは、ET社とWZ社を合併し、同一の法人の下で、従来ET社が営んでいた事業と従来WZ社が営んでいた事業を行うということについて何らかの不都合があったのではないかと推測されるのであり、事業上は不必要あるいは不適切であると判断されるにもかかわらず、未処理欠損金の引継ぎによって税負担の減少という効果を得ることのみを目的としてまったく実体の伴わない合併を行ったものであろうと推察されるのである。

4 実務的なポイント
──経済的・実質的な変更がないこと

　本節2で図示したものの中で、組織再編成前と組織再編成後を取り出して並べてみると、**図表6**のとおりとなる。

　図表6の組織再編成前と組織再編成後を比較すると一目瞭然であるが、一連の組織再編成の前と一連の組織再編成の後では、ET社とWZ社（法人格は旧WZ社から新WZ社へと変わったものの、事業内容は同一で、社名も同一である）の資本関係に実質的な変更は生じておらず、事業内容やET社およびWZ社の組織等についてもまったく何ら変更は生じておらず、変更点は、旧WZ社の抱えていた未処理欠損金が、ET社に移転したという点のみである。すなわち、一連の組織再編成前と一連の組織再編成の後では、経済的・実質的な変更がなく、唯一の変更点は、ET社の税負担が減少しているということである。

　第2編第4章第2節においてIBM事件について検討した際に記載したとおり、一定の行為がなされた前後を通して、税負担が軽減される以外に実質的な変更がないと認められる場合というのは、当該行為が税負担軽減以外に事業上の目的・必要性を欠く不自然・不合理なものであり、経済的合理性を欠く場合の典型例の1つであると課税当局側においては考えているのではないかと推測される。

　ET事案におけるET-WZ合併、WZ事業分割等の一連の行為は、まさに課税当局において、経済的合理性を欠くと想定する事案そのものであったように思われるのであり、ET-WZ合併、WZ事業分割等の客観的事実関係を把握した時点で、課税当局は、ET事案について経済的合理性を欠くものであり、行為計算否認規定の適用対象となるのではないかとの想定をもち、その前提のもとで税務調査を行ったのではないだろうか。

図表6 ET事案組織再編成前後の比較

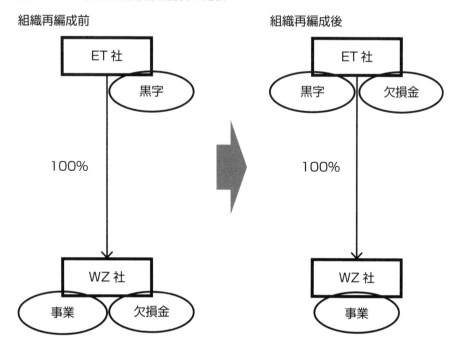

5 実務上のポイント──繰越欠損金の利用

　ET事案については、**4**に記載したとおり、WZ社事業分割がなく、ET-WZ社合併だけで終わっていれば、WZ社の欠損金をET社に取り込み、ET社の所得と引き継いだ欠損金を相殺することで税負担の軽減効果を得ることができたと考えられる。また、WZ社が経常的に赤字状態なのであれば、ET社が連結納税を選択することにより、WZ社の赤字とET社の黒字を相殺することで税負担の軽減を図ることも可能であったと解せられる。

　おそらくは、ET社で行っている事業、WZ社で行っている事業をそれぞれ別の法人で行う何らかの必要性があったのであろうし、完全支配関係にある法人がET社とWZ社だけではないことや、将来的にWZ社が黒字化

する可能性もあるなど、連結納税を選択するに際して何らかの障害があったのであろう。

ET事案は、未処理欠損金を利用して税負担の軽減を図るという点では、ヤフー事件と同一の点が認められ、また、ヤフー・IDCF事件の第一審判決が出る前に実行されたものであることに照らし、ヤフー・IDCF事件の判決が出される前は、組織再編税制に規定された明文の要件を満たすものについて、法人税法132条の２が適用されるというリスクについて、一般的に重大視されていなかったということが背景にあったものといえるかもしれない。ヤフー・IDCF事件最高裁判決において、法人税法132条の２の不当性要件についての解釈が示され、外形的には組織再編税制の明文に規定された要件を満たす場合であっても、濫用基準に該当する場合には不当性要件を充足し、否認の対象となる可能性があることが明らかとされた以上、ET事案のような手法が今後採用されることはないと思われるが、法人税法132条の２が適用される可能性のある典型例として参考となる事案であることは間違いない。

6 その他

　直接、不当性要件に関わるものではないが、前節および本節において検討した事案においては、納税者は、課税当局の指摘を受けて自ら修正申告を行っているようである。

　法人税法132条の２は、「……次に掲げる法人の法人税につき更正又は決定をする場合において」とあるとおり、更正処分を課すに際して適用が予定されている規定であり、条文の規定上は、納税者が自ら申告する場合には、適用されることは予定されていない。したがって、例えば、本節の事案では、WTがEZ社から引き継いだとして損金に算入した未処理欠損金について、修正申告により損金不算入としたものと考えられるが、法人税法132条の２の適用がないことを前提とすれば、理論的には、当該損金不

算入は法人税法の規定には従っていないということになるように思われる。もちろん、納税者が自ら修正申告したことが、結論として妥当であることに異論はないものの、法人税法の規定のみを前提として考えるとその処理についてどのような考えるべきか、難しい問題のようにも思える。

第3節 過大利子支払の事案（デット・プッシュダウン）

1 はじめに

　平成24年7月、米国に本社を置く音楽関係会社の日本法人UM社が、東京国税局による税務調査を受け、組織再編に伴って海外のグループ関連企業から多額の借入を行い、支払った利子を損金として計上した行為について、租税回避に当たるとして、2010年12月期までの3年間で、約90億円の支払利子相当額の損金算入が否認されたとの報道がなされた[12]（以下「UM事案」という）。

　報道では、「法人税法が規定する『行為計算否認』に基づき、再編に伴い多額の借り入れで利子を損金に計上するのは、不当な租税回避行為にあたると認定したとみられる」との記載も見受けられることから、法人税法132条、あるいは、法人税法132条の2等の行為計算否認規定が適用され、否認された事案であると推察される。

　報道の内容は断片的であり、事実関係は必ずしも明らかとはいえないが、断片的な報道から推測できるのは、グループ法人間の組織再編成に際して、我が国の法人が多額の負債を負い、多額の利息の支払いが発生し、当該支払利子を損金算入することによって、我が国の法人の法人税の負担が減少する結果を生じさせる、デット・プッシュダウン（Debt Pushdown）

---

[12] 平成24年7月16日付東京読売新聞朝刊、平成24年7月16日付日本経済新聞朝刊等

と呼ばれるような手法が採られたということである。いわゆるBEPS（税源浸食と利益移転）プロジェクトにおいて、行動計画4のテーマとして「利子等の損金算入を通じた税源浸食の制限」（Limit Base Erosion via Interest Deduction and Other Financial Payments）が取り上げられていることからも明らかなように、従来から、多国籍企業グループにおいて、法人税率の高い国の法人に負債を負担させることで、グループ全体としての税負担の軽減を図るということは、必ずしも珍しいものではなかったと考えられる。

UM事案は、利子の損金算入を通じた税負担の軽減という手法について、不当性要件を満たすものとして、行為計算否認規定を適用したという点に最大の特徴があるものと考えられる。

UM事案についての報道の内容はごく簡単なものであるため、UM事案の詳細は不明であるが、新聞報道されたところにしたがって、どのような行為が行われたのかを推測し、「不当性要件」の充足の点を中心に検討した上で、実務上参考となるポイントについても言及することとしたい。なお、UM事案についても、本章第1節および第2節の事案と同様、断片的な報道の内容からの推測に基づくものであり、以下の検討の対象としている行為は、実際に行われたものとは一致しない点がある可能性があることにはご留意願いたい。

なお、UM事案は、平成24年度税制改正により過大利子支払税制が創設される前の事案であり、過大支払利子支払税制の適用対象ではないことを念のためここで付言しておく。

2 事案の概要

新聞報道によると、UM事案においては、以下のような手順で組織再編成等の行為が行われたようである。

① UM合同会社（以下「UMGK」という）は、2008年10月に、同年9月にオランダに設立されたグループ企業（以下「オランダG法人」という）

から200万円の出資を受けて設立された。

② UMGKは、グループに関連のあるフランス企業（以下「フランスG法人」という）から約800億円を借り入れた。なお、UMGKは、オランダG法人から295億円の追加出資も受けている。

③ UMGKは、フランスG法人からの借入れ、オランダG法人からの追加出資によって得た資金を使って、他のグループ企業が保有していたUM株式会社（以下「UMKK」という。音楽事業を営んでいた黒字企業）の全株式を取得した。なお、このUMKK株式の譲渡によって、株式譲渡益が生じたと思われるが、この株式譲渡益について課税が行われているか否かは、報道からは不明である。かりに、UMKKの株式を譲渡した者が米国法人であるとすると、日米租税条約13条により、株式譲渡益に対する日本での源泉徴収課税はなく、また、譲渡先が合同会社であることからすると、IBM事件のケースと同様、本支店間取引と扱われて株式譲渡益に対する課税は行われていない可能性もある。

④ 2009年1月UMGKは、UMKKを吸収合併した。この合併については、完全支配関係のある会社間の合併であり、適格合併であると考えられる。

⑤ UMGKは、上記フランスG法人からの借入に対する利子として、2008年12月期から2010年12月期にかけて約90億円を支払い、損金に計上した。なお、フランスの法人税の実効税率は33.3％で当時の日本の実効税率約40％よりも低い。

　なお、①～④の組織再編成で、日本法人の法形式は、株式会社から合同会社に切り替わったものの、体制や事業内容に実質的な変更はなく、グループの100％出資の日本法人という位置づけも変わらなかった。

以上を図示すると、**図表7**のとおりとなる。

図表7　UM事案概要図

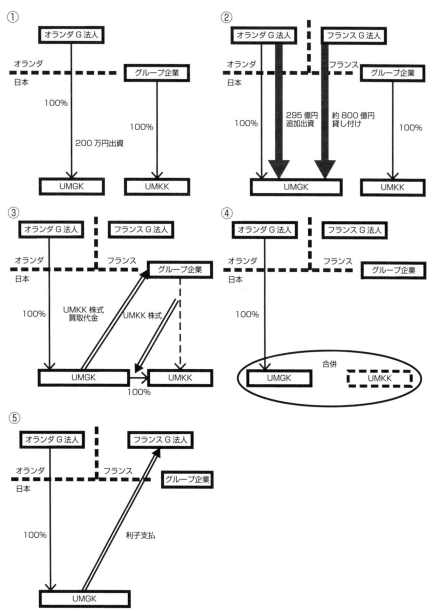

上記のとおり、報道では「東京国税局は、再編には経済上の合理性が乏しいと判断。法人税法が規定する『行為計算否認』に基づき、再編に伴い多額の借り入れで利子を損金に計上するのは、不当な租税回避行為に当たると認定したと見られる」とされており、いわゆる行為計算否認規定が適用されたものと推測されるが、UMGKはグループの100％出資法人であるから同族会社に該当するものと解され、同族会社の行為計算否認規定である法人税法132条の適用もあり得るし、また、UMGKによるUMKKの合併も行われていることから、組織再編成にかかる行為計算否認規定である法人税法132条の2の適用もあり得るものと考えられる。
　したがって、以下では、法人税法132条および法人税法132条の2のそれぞれの適用について検討をするとともに、実務的な観点から考慮すべき点にも言及することとする。
　なお、UM事案が実行された当時、利子の損金算入を利用した国際的な租税回避を防止する制度として、過少資本税制が存在していた。過少資本税制の下では、内国法人が国外支配株主等に利子を支払う場合、国外支配株主等に対する平均負債残高が当該国外支配株主等の資本持分等の3倍に相当する金額を超えるとき（ただし、当該内国法人の負債の平均残高が自己資本の額の3倍相当額を超えない場合には、過少資本税制は適用されない）は、その超過額に相当する負債に対する利子は損金に算入されないものとされる。UM事案においては、フランスG企業が国外支配株主等に該当するのではないかと推察されるところ、オランダG企業が295億円の追加出資を行うことによって、国外支配株主等の資本持分等の3倍の金額は、約885億円となり、フランスG企業からの借入金約800億円を上回っている。したがって、UM事案については、過少資本税制は適用できなかったものと考えられる。
　また、UMGKがフランスG企業に対して支払う利子の利率が、独立当事者間で融資がなされる場合の利率を超える場合には、課税当局は、移転価

格税制を適用して、独立当事者間での利率を超える利子相当額につき損金不算入とすることが可能であったところ、UM事案について移転価格税制が適用されたとの報道はなく、UM事案においては、UMGKがフランスG企業に支払う利子の利率は、独立当事者間の利率を超えていなかったものと推察される。

すなわち、UM事案について、明文の規定である過少資本税制や移転価格税制によって否認することができなかったことから、いわば最後の手段として、行為計算否認規定の適用による否認がなされたのであろう。

3 法人税法132条の2の適用について

まず、組織再編成にかかる行為計算否認規定である法人税法132条の2の不当性要件該当性について検討する。

本章第1節および第2節においても、記載したとおり、ヤフー・IDCF事件最高裁判決は、法人税法132条の2の不当性要件について、濫用基準を採用し、①行為または計算が、通常は想定されない組織再編成の手順や方法に基づいたり、実体とは乖離した形式を作出したりするなど、不自然なものであるかどうか、②税負担の減少以外にそのような行為または計算を行うことの合理的な理由となる事業目的その他の事由が存在するかどうか等の事情を考慮した上で、当該行為または計算が、組織再編成を利用して税負担を減少させることを意図したものであって、組織再編税制に係る各規定の本来の趣旨および目的から逸脱する態様でその適用を受けるもの又は免れるものと認められるか否かという観点から判断すると判示した。

UM事案において問題となる組織再編成は、UMGKによるUMKKの吸収合併である(以下「UM合併」という)ことから、UM合併について、濫用基準を充足するか否かが問題となるものと考えられる。

ところで、合併前の時点で、UMGKは、設立後間もない合同会社で特に事業を行っておらず収入はなかったところ、多額の借入金に伴う利息の

支払いによって、赤字を計上している法人であったものと認められ、それに対し、UMKKは音楽事業によって収益を挙げる黒字企業であったと認められる。

　UM合併については、客観的な事実関係に照らして、赤字の親法人が黒字の子法人を合併することによって、親法人の赤字と子法人の黒字を相殺することで法人税の負担の軽減を図ることを目的としていたことが推測され、他に何らかの事業目的が存在した可能性も否定することはできないものの、基本的には税負担軽減を目的としたものであったのではないかと考えられる。

　しかしながら、UM合併それ自体について見た場合に、100％親会社が子会社を合併すること自体は何ら不自然なものではないし、ヤフー事件の本件副社長就任のように、税負担の軽減を目的とした事業上の必要性がない不自然・不合理な行為が行われているという事情も認められないことからすると、UM合併が、通常は想定されない組織再編成の手順や方法に基づいたり、実体とは乖離した形式を作出したりするなど、不自然なものであるとはいえないように思われる。

　もちろん、UMGKがUM合併の直前に設立された法人で、事業を営んでいないということから実体を伴っていないともいえなくはないが、事業を行っていない持株会社が子会社を合併することは必ずしも不自然とはいえないように思われる。

　また、本章第1節の事案では、適格合併により含み損のある資産が簿価で移転するという組織再編税制にかかる規定が利用され、本章第2節の事案では、適格合併においては被合併法人の未処理欠損金が引き継がれるという組織再編税制にかかる規定が利用されたのに対し、UM事案では、合併後の法人において生じる益金と損金が所得の金額の計算上相殺されるということで法人税の負担が減少するというものであり、それは合併に当然に伴う効果と考えられることから、税負担の軽減のために組織再編税制に

かかる規定が利用されたとは言いがたいように思われる。

したがって、UM事案については、組織再編税制に係る各規定の本来の趣旨および目的から逸脱する態様でその適用を受けるもの、または免れるものとは言いがたく、濫用基準を充足しないのではないかと考えられる。

UM合併が法人税の負担の減少のみを目的としたものであって、実体のないUMGKが、合併後は、被合併法人の収益と合併法人の損失とが相殺されることになるという制度を利用して、必要のない合併を行ったと考えると、濫用基準に該当するという考え方も絶対に不可能ではないかもしれない。しかしながら、UM事案は、利子が損金算入されるということを利用したものであって、組織再編成税制を利用したものではないということができるように思われ、組織再編成にかかる行為計算否認規定の適用が想定される事案とはやや性質を異にするように思われるのである。

4 法人税法132条の適用について

法人税法132条の不当性要件については、経済的合理性基準が確立された判例と解され、IBM事件第一審判決およびIBM事件控訴審判決においても、経済的合理性基準が採用されている。ただし、いかなる場合に経済的合理性を欠くといえるのかについては、必ずしも判例において確立した判断が示されているとはいえず、IBM事件控訴審判決は、独立かつ対等で相互に特殊関係のない当事者間で通常行われる取引と異なっている場合は、経済的合理性を欠くとの判断を示している。

そこで、まず、UM事案について、独立当事者間の通常の取引と異なる取引が行われているか否かを検討すると、問題となりそうなのは、UMGKに対するフランスG企業からの融資であると思われる。

ところで、第1編第3章において記載したとおり、IBM事件においても、IBMAPが日本IBMの株式を取得するために米国WT社から受けた融資が独立当事者間の通常の取引と異なるとの主張が課税当局側からなされてい

たが、IBM事件第一審判決は、IBMAPが日本IBM等の発行済株式全部を保有し、IBMグループに属する者以外の者と債権債務関係が発生することは想定されていなかった等の事情を挙げて、独立当事者間の通常の取引として到底あり得ないとまでは認められない旨の判断を示した。これをUM事案に当てはめると、UMGKは、フランスG企業の融資金と自己資金とを合わせてUMKKの発行済株式の全部を取得・保有し、その後はUM合併によってUMKKの事業を引き継いでおり、融資金の3分の1を超える自己資本を有していたことも合わせ考慮すると、フランスG企業からの融資が、IBM事件における融資の内容と比較しても、独立当事者間の通常の取引として到底あり得なかったとはいえないものと考えられる。そして、前記のとおり移転価格税制が適用されていないと考えられることから、フランスG企業からの融資にかかる利子の利率についても独立当事者間の通常の利率からの乖離は認められなかったものと認められる。したがって、フランスG企業からUMGKに対してなされた融資について、独立当事者間の通常の取引とは異なるとまではいえないこととなる。

　また、UMGKが取得したUMKKの株式の取得価額についても、課税当局側はそれが通常の独立当事者間の通常の取得価額とは異なるとの認定は行っていないようであり、UMKK株式取得についてもそれが独立当事者間の通常の取引と異なるとは認めがたく、その他の点についても、UM事案について、独立当事者間の通常の取引と異なるとの認定は難しいように思われる。

5 法人税法132条の適用について
——課税当局の視点

　ここで、UM事案について課税当局がどのようなとらえ方をしていたのかについて推測してみよう。

　本節 **2** の事案の概要に記載したとおり、UM事案では、①UMGKの設立、②UMGKの借入および追加出資の受入、③UMGKによるUMKKの株式の

取得、④UM合併が連続して行われた結果として、⑤UMGKにおける利子の損金算入による税負担の軽減という効果が生じていると認められることから、上記①〜④の行為を「UM事案一連の行為」と便宜的に呼ぶこととする。

そして、UM事案一連の行為が行われる前と後とで、グループ内の日本法人について、比較してみると、**図表8**のとおりとなる。

図表8に示したところからもわかるとおり、UM事案一連の行為が行われる前と後で日本法人において変化が生じているのは、株式会社が合同会社に変わったことと、親会社が変わったこと(併せて自己資本の額等も変わっていると推測される)、フランスG企業からの借入が存在すること(併せて、当該借入に対する利子の支払いが行われている)という点であり、経営組織の体制や事業の内容には実質的な変更は生じていない。

ところで、第2編第4章第1節においてIBM事件についての課税当局の見方を検討した際に記載したとおり、課税当局は、一定の行為がなされた前後を通して、税負担が軽減される以外に実質的な変更がないと認められる場合というのは、当該行為が税負担軽減以外に事業上の目的・必要性を欠く不自然・不合理なものであり、経済的合理性を欠く場合の典型例の1つであると考えているのではないかと推測される。これをUM事案について当てはめてみると、課税当局としては、UM事案一連の行為が行われる前後で、利子の損金算入による税負担の軽減という点を除けば、日本法人について、実質的な変更は生じておらず、したがって、UM事案一連の行為は、税負担軽減以外に事業上の目的・必要性を欠く不自然・不合理なものであると考えたのではないかと推測できるのである。そして、法人税法132条における不当性要件については、確立した判例において、経済的合理性基準が採用されてきたことに照らし、課税当局は、UM事案一連の行為は、税負担軽減以外に事業上の目的・必要性を欠く不自然・不合理なものであって、法人税法132条の不当性要件を充足するものと判断したので

図表8　UM事案一連の行為前後の比較

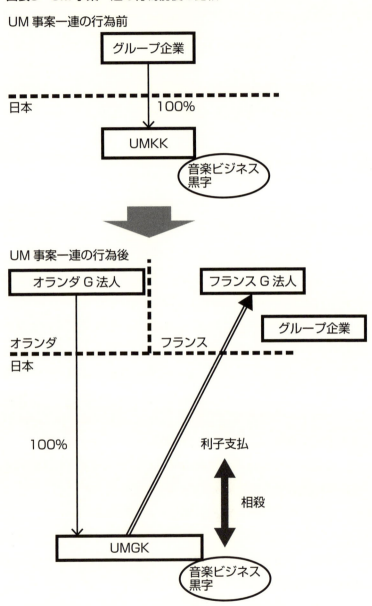

はないかと推測される。すなわち、UM事案については、法人税法132条の適用がなされたのではないかと推測されるのである。

6 法人税法132条の適用について――一連の行為の経済的合理性

それでは、上記のようなUM事案一連の行為が、経済的合理性を欠くものとして、法人税法132条の不当性要件を満たすものとされる可能性はあるのであろうか。

IBM事件控訴審判決においては、課税当局側が「一連の行為」として主張したものについて、結論として、それが税負担の軽減を実現するために一体的に行われたものとはいえないという認定が行われたため、課税当局の主張は認められなかったが、仮に、それが税負担の軽減を実現するために一体的に行われていたものであるとの認定が行われていれば、その「一連の行為」が経済的合理性を欠くといえるか否かの判断の対象となっていた可能性がある。すなわち、IBM事件控訴審判決は、複数の行為が税負担軽減を実現するために一体的に行われていたものと認められる場合で、当該一体的に行われていた行為が経済的合理性を欠く場合には、法人税法132条の不当性要件を満たす場合があるという余地を示したのではないかと考えられる。

ただし、その場合に、税負担の軽減を実現するために一体的に行われた行為について、その一部でも経済的合理性に欠ける行為が含まれていれば、その一体的に行われた行為は経済的合理性を欠くと評価できるのか、あるいは、税負担の軽減を実現するために一体的に行われた行為について、一体的に行われた行為全体が合理性を欠く場合にはじめて、その一体的に行われた行為は経済的合理性を欠くと評価できるのかについては明らかではないなど、税負担軽減を実現するために一体的に行われた行為について経済的合理性を欠く場合とはどのような場合であるのかは、IBM事件控訴審判決においても、必ずしも明らかにはなっていない。

UM事案について、UM事案一連の行為が、税負担軽減を実現するために、一体として行われたものとの認定が可能か否かについては、詳細な事実関係が不明なため、ここで詳細な検討を行うことは困難である。ただ、IBM事件では課税当局が主張する一連の行為の中に、自己株式取得による利益還元が含まれていたところ、当該利益還元の方法としては自己株式取得以外に配当でも可能であったこと等から、本件各譲渡について一体的に行われたとは認められないとの判断が示された。UM事案では、UM事案一連の行為は、新会社を設立して日本法人を買収し、合併するというものであり、当初の計画としてあらかじめUM事案一連の行為がすべて計画されており、その計画にしたがってUM事案一連の行為が一体的に実行されたものと認められる可能性もあるように考えられる。

　仮にUM事案一連の行為が、税負担軽減を実現するために、一体として行われたとものと認められた場合に、UM事案一連の行為が、経済的合理性を欠くと認められるか否かについても、詳細な事実関係が不明なためここで詳細な検討は控えるものとする。なお、UM事案一連の行為の経済的合理性について検討するに際しては、UM事案一連の行為について、税負担軽減以外に事業上の必要性や合理的な事業目的が認められるか否か、という点も重要なポイントになると考えられる。事実関係が不明である以上、UM事案において、UM事案一連の行為に税負担の軽減以外に、何らかの事業上の必要性や合理的な事業目的があったか否かをここで論じることはできないし、UMGKの利子の損金算入による税負担の軽減以外に、グループ内の外国法人にとっての事業上の必要性やメリット（グループ内で資金を移動することが何らかの理由で必要であった可能性もある）が存在し、むしろ、そちらが主要な目的であった可能性も否定できない。ただ、報道によって明らかとなっている客観的な事実関係だけを前提としてみる（過少資本税制の適用を回避するためにオランダG法人による追加出資が行われていることも含めて）と、UM事案一連の行為の前後で、利子の損金算入によ

る税負担の軽減以外に日本法人に実質的・経済的な変更が生じておらず、少なくとも日本法人においては、税負担の軽減以外にUM事案一連の行為を行う事業上の必要性や合理的な事業目的は認められないとされる余地があるようにも思える。

7 法人税法132条の射程について

　以上のとおり、UM事案については、UM事案一連の行為について、経済的合理性を欠くものとして、法人税法132条の不当性要件を充足するものとされる余地があるように思われるが、そもそもの前提として、UM事案について、法人税法132条が適用されるのか、という点も問題となるように思われる。

　すなわち、UM事案における税負担の軽減は、UMGKが、フランスG企業から多額の借入を行って、UMKKを買収・合併したことにより、グループの日本法人の負債が増加し、多額の利子の支払いが生じたことによって、日本法人における税負担の軽減が減少したという点にある（利子を受領するフランス法人において受領した利子が課税所得に含まれることになると思われるが、フランスの法人税の実効税率が日本の法人税の実効税率よりも低いことにより、グループ全体でも税負担は軽減したのではないかと考えられる）が、UM事案の当時、過大な利子が外国のグループ企業に支払われることによる税負担の軽減への対策として過少資本税制が存在していたのであり（前記のとおり、UM事案が実行された当時は、まだ、平成24年度税制改正により過大利子支払税制が創設される前であった）、そのような個別否認規定がある以上、包括的否認規定である法人税法132条の適用対象とはならないのではないか、という点が問題となるのである。

　なお、UM事案においては、前記のとおり、オランダG法人からの295億円の追加出資によって、過少資本税制は適用されなかったものと解されるが、逆にいえば、過少資本税制の適用を避けるために、295億円の追加出

資が行われたものと推測される。

　ヤフー事件においても、法人税法57条2項および3項、法人税法施行令112条7項5号という未処理欠損金の引継ぎについての個別規定がある中で、当該個別規定に定められた未処理欠損金引継要件を満たす場合に、包括的否認規定を適用することができるか、という点が問題となったが、ヤフー事件最高裁判決は、法人税法132条の2の不当性要件について濫用基準を示して、個別規定を形式的に充足していても、当該個別規定の本来の趣旨および目的を逸脱する態様でその適用を受けるもの、または免れるものについては、不当性要件を満たし、包括的否認規定である法人税法132条の2が適用されるとの判断を示した。

　法人税法132条の不当性要件については、経済的合理性基準が採用されており、法人税法132条の2の濫用基準とは異なる解釈となるものと解されるが、仮に、濫用基準を満たす場合、すなわち、個別規定の本来の趣旨および目的を逸脱する態様でその適用を受ける場合に法人税法132条の適用を受けると考えた場合、UM事案で問題となるのは、利子が損金に算入されるということ着目して、不要な資金を海外の関係会社から借り入れて負債を増やし、利子の支払いをふくらませるということになるかと思われるが、現実に借入れが行われて利子の支払いが現実に発生している以上、それが、利子が損金に算入される税務上の取扱いの趣旨および目的を逸脱してその適用を受けるものであるとまでは言いがたいように思われる。利子について損金算入を認めるということの趣旨が、本来、事業上の必要性や正当な事業目的に基づいてなされる借入れの利子についてのみ損金算入を認めるということにあり、事業上の必要性のない借入れの利子については想定していなかったとまではいえないのではないだろうか。仮に、不要な資金を海外の関係会社から借り入れて負債を増やし、利子の支払いをふくらませるという行為が、利子が損金に算入されるという税務上の取扱いの趣旨および目的を逸脱していて、法人税法132条の適用によって否認で

きるということになると、そもそも過少資本税制や過大利子支払税制が適用される場面はきわめて限定的な場合になってしまうであろう。

　また、オランダG法人から追加出資を受けたことが、過少資本税制の適用を免れるための行為であるとしても、現実に出資を受けた資金がUMKK株式の取得のために用いられており、実態と乖離した形式が作出されるなどの事実は認められず、過少資本税制が自己資本と負債の比率という客観的な数字のみを指標としていることに照らしても、オランダG法人からの追加出資が、過少資本税制の本来の趣旨および目的を逸脱する態様でその適用を免れるものとは言いがたいものと考えられる。

　したがって、仮に、UM事案一連の行為について、事業上の必要性や合理的な事業目的は認められず、経済的合理性を欠くとして、法人税法132条の不当性要件を充足するという考え方もあり得るものの、過大な利子の支払いによる税負担軽減に対する対策として過少資本税制が存在しており、本来は、過少資本税制の適用のみが問題となるのが原則であって、利子の損金算入という税務上の取扱いの本来の趣旨・目的を逸脱して適用を受けるものでもなく、過少資本税制の本来の趣旨・目的を逸脱して適用を免れるものでもない以上、UM事案について法人税法132条を適用することはできないものと解するのが妥当であるとされる可能性も十分にあるように考えられるのである。

　前記のとおり、多国籍企業グループにおいて、法人税率の高い国の法人に負債を負担させることで、グループ全体としての税負担の軽減を図るということへの対応がBEPSプロジェクトの中で1つのテーマとして取り上げられたが、そこで出された対応策は、一定の基準で計算される利益に対する一定の比率を超える利子の支払いについて損金算入を制限するというものであり、平成24年度において導入された過大利子支払税制も、BEPS報告書において示された対応策に沿った内容であったことに照らすと、UM事案のような利子の損金算入を利用した税負担軽減策に対して行為計

算否認規定を適用するということは、結果としてみれば、やや行き過ぎという評価もあり得るところであろう。ただし、UM事案一連の行為について、事業上の必要性も合理的な事業目的も欠いているという点が認められれば、単純に借入を増やして利子の支払いを増やした事案とは質的に異なるという考え方もあり得ることは否定できない。

8 実務上のポイント

UM事案に関する実務上のポイントとしては、UM事案は、課税当局は、一定の行為がなされた前後を通して、税負担が軽減される以外に実質的な変更がないと認められる場合というのは、当該行為が税負担軽減以外に事業上の目的・必要性を欠く不自然・不合理なものであり、経済的合理性を欠くものと考えているということを端的に表している事案であるという点にあると考えられる。逆にいえば、このような解釈を前提としない限り、UM事案において、不当性を主張することは難しいように思われる。

また、UM事案一連の行為の前後で、日本法人に経済的・実質的な変更が生じておらず、その一方で、負債が大幅に増加して、海外への多額の利子の支払いが発生することで日本における課税ベースが浸食されているということが、UM事案における課税当局の着眼点であろうと予想されるのであり、課税当局がどのような点に着目して行為計算否認規定の適用を検討するのかを示すものであるという意味で実務上参考になると思われる。

9 その他

仮にUM事案について、法人税法132条が適用されたとすると、従来の法人税法132条の適用では、同族会社の行った行為・計算を正常な行為・計算に弾き直すものとされてきたこととの関係で、どのような「引き直し」が行われるべきなのか、が問題となる可能性がある。

UM事案における課税当局の主張が、UM事案一連の行為が経済的合理

性を欠くというものであるとするならば、正常な姿とは、そもそもUM事案一連の行為を実行しないこととなるように考えられるが、UMKKは合併によって消滅しており、法的に存在するのはUMGKであるから、UM事案一連の行為がなかったものとして引き直しを行うことは非常に難しいように思われる。

　もし、課税当局がUM事案について法人税法132条を適用して否認しているとすると、「引き直し」の困難性に鑑み、法人税法132条の適用の結果について、従来の「引き直し」とは異なる考え方を適用した可能性も否定できず、実務的な関心を呼ぶものと考えられる。

　なお、UM事案については、納税者側において、更正処分を不服として争っているようであり、いずれ、裁判所の判断が出されるものと思われるが、ここで記載した以外の争点や解釈が明らかとなる可能性もあり、行為計算否認規定の適用を考える上で重要な裁判例となることが予想される。

第3編

行為計算否認規定の適用に関するQ&A

　第1編および第2編では、ヤフー・IDCF事件およびIBM事件の各裁判において示された「不当性要件」の意義についての裁判所の判断を紹介した上で、裁判所が示した「不当性要件」の意義について、実務的な観点からの検討を加えた。

　第3編では、第1編および第2編における検討を前提として、法人税法132条および法人税法132条の2の適用を受けないためのポイントや、実務的に問題となりそうな具体的な事例において、不当性要件該当性についてどのように考えることができるのか等の点について、Q&A形式で検討を加えることとする。

法人税法132条の2の適用を念頭に置いた組織再編成に関するQ&A

　第3編第1章では、主として、組織再編成にかかる行為計算否認規定である法人税法132条の2の適用が問題となる可能性がある組織再編成の事例を想定し、不当性要件に該当するか否かを判断する上でのポイントについて、実務的な観点から検討を加えることとする。

法人税法 132 条の 2 の適用を避けるポイント

組織再編成を実行するに当たって、法人税法132条の2の適用を受けないようにするためのポイントは何か。

A1 第1編第2章第8節に記載したとおり、ヤフー・IDCF事件は、法人税法132条の2の不当性要件について、濫用基準を採用し、①行為または計算が、通常は想定されない組織再編成の手順や方法に基づいたり、実体とは乖離した形式を作出したりするなど、不自然なものであるかどうか、②税負担の減少以外にそのような行為または計算を行うことの合理的な理由となる事業目的その他の事由が存在するかどうか等の事情を考慮した上で、当該行為または計算が、組織再編成を利用して税負担を減少させることを意図したものであって、組織再編税制に係る各規定の本来の趣旨および目的から逸脱する態様でその適用を受けるものまたは免れるものと認められるか否かという観点から判断すると判示した。

この濫用基準について、実務的な観点から重要となるポイントは、第2編第2章**1**に記載したとおり、税負担の減少を目的としたスキームとしてあらかじめ立てられた計画に基づいて実施する組織再編成とは認められず、かつ、事業上の必要性ないし合理的な事業目的に基づいて実施される組織再編成であって、税負担の減少のみを目的として一定の行為または計算を実施するものとも認められない場合には、それ以外の事情を考慮することなく、濫用基準を充足しないものと判断することができるという点であろう。

すなわち、企業が事業上の必要性に基づいて組織再編成を計画し、事業上の必要性に応じた組織再編成を実行する限りにおいては、法人税法132条の2の適用が問題となることは想定されないということである。もちろん、組織再編成を実施する上で法人税の負担がどのようになるのかという点は大きな論点となろうし、その点の検討は不可欠であろうが、法人税の負担がどのようになるのかについての検討にとどまり、組織再編成を通じて法人税法の負担を減少させるという目的に基づく行為あるいは計算が計画され、実行されない限りにおいては、濫用基準を該当することにはならず、法人税法132条の2の不当性要件が満たされることもないといえるであろう。

　なお、組織再編成を実行する上で、法人税の負担を減少を検討し、あるいは、法人税の負担が減少するような手法を採用したからといって、すべての場合に法人税法132条の2の不当性要件を満たすものではないが、その場合には、適用される組織再編税制にかかる規定の趣旨等を考慮する必要が生じる場合があるのであり、企業が事業上の必要性に基づいて組織再編成を計画し、税負担の減少のみを目的として一定の行為または計算を実施することなく、事業上の必要性に応じた組織再編成を実行する限りにおいては、その他の点を考慮することなく、法人税法132条の2の適用を問題とする必要がなくなるということが、実務的には重要なポイントとなるのである。

Q2 スキームとして認定されるケースについて

いかなる場合に、税負担の減少を目的としたスキームとしてあらかじめ立てられた計画に基づいて実施する組織再編成と認定されるのか。

A2

税負担の減少を目的としたスキームとしてあらかじめ立てられた計画に基づいて実施される組織再編成としては、大きく分けると以下の2つの類型が考えられる。

1 パッケージ型

　第1の類型としては、第2編第6章第1節で検討したパチンコチェーンの組織再編成事案のように、いわゆる「プロモーター」と呼ばれるスキーム立案者が考案したパッケージとしての税負担軽減スキームを実行するような場合が考えられる。このような場合には、そもそも組織再編成を実施する事業上の必要性はまったくなく、組織再編成としての実体をまったく伴わずに、組織再編成を利用することによって、法人税法上の損失をつくり出したり、既存の損失や欠損金を膨らませたり、法人税法の課税減免規定に規定された要件を形式的に満たしたりすることによって、法人税の負担を軽減することのみを目的として、組織再編成の形式が利用されるというものである。組織再編成については、一定の条件を満たす場合には適格組織再編成として資産が簿価で移転することが認められ、また、一定の条件を満たす場合には、繰越欠損金の引継ぎが認められるなど、通常の取引行為とは異なる税務上の取扱いが認められていることから、それらの組織再編税制上の通常の取引行為に対するものとは異なる税務上の取扱いに着目

した税負担軽減スキームが組成されやすいという事情が認められる。ヤフー・IDCF事件最高裁判決が濫用基準の意義について、「組織再編成を利用して税負担を減少させることを意図したものであって、組織再編税制に係る各規定の本来の趣旨及び目的から逸脱する態様でその適用を受けるもの又は免れるもの」と判示したその典型的なケースがパッケージとしての税負担軽減スキームとしての組織再編成であるといえるであろう。

また、そのようなケースでは、税負担の軽減額に応じた報酬が支払われる、あるいは、スキームについて納税者が守秘義務を負う等の取決めがなされることも多いと思われるが、前述のとおり、組織再編成を利用した税負担軽減スキームについては、BEPSプロジェクトに基づく税制改正によって、今後、課税当局に対して開示義務を課せられる場合に該当することが多いと思われ、今後は実行することが困難になると予測される。

2 税負担軽減目的の組織再編成

第2の類型としては、第1の類型のように、外部のプロモーターの提示するパッケージとしての税負担軽減スキームをそのまま実行するもので、組織再編成としての実体を伴わず、単に組織再編成の形式を利用するという場合とは異なり、一定の税負担の軽減を達成することが目的ではあるものの、その税負担軽減の目的を達成するためのスキームとして、実体を伴った組織再編成を実行するという場合であり、最高裁は、ヤフー・IDCF事件について、そのようなケースであったと認定したものと考えられる。

この第2の類型としては、ヤフー・IDCF事件のように、例えば、利用期限の到来する繰越欠損金が切り捨てられないようにすることでグループ全体の税負担を軽減することを目的として、組織再編成を実施するものであり、組織再編成の実体は認められるものの、目的とした税負担軽減を達成するために、事業上の必要性のない不自然な行為を伴う場合が多いとい

うことがいえよう。

　課税当局の視点からは、組織再編成を実行する上で一見必要性が乏しいと考えられる行為が実施され、それによって税負担の減少という効果が生じていたり、最終的な目的を達成するためにより簡易な方法があるのに、一見必要性が乏しい組織再編成のステップがはさまれていて、その結果、税負担の減少という効果が生じていたり、あるいは、組織再編成の前後で税負担の減少という以外に経済的・実質的な変更が生じていないというような場合には、組織再編成そのものについて事業上の意味がないとまではいえない場合であっても、税負担の軽減を目的として計画された組織再編成ではないかとの推測をもつことにつながりやすいといえるだろう。

　なお、この第2の類型については、実体を伴う組織再編成であることから、税負担軽減が達成されることが、組織再編税制に係る規定の趣旨・目的から逸脱しているものとは認められない場合には、濫用基準を満たさない場合もあり得ると解される。

税負担軽減のための行為・計算

　事業上の必要性ないし合理的な事業目的に基づいて実施される組織再編成を実行するに際して、税負担の減少のみを目的として一定の行為または計算を実施するものと認められるのはどのような場合か。

　　　　　事業上の必要性ないし合理的な事業目的に基づいて実施される組織再編成を実行するに際して、税負担の減少のみを目的として一定の行為または計算を実施したものと認められる場合というのは、例えば、事業上の必要性に基づいて組織再編成を実行するに際して、本来必要のないワンステップをはさむことによって、法人税の負担を減少させるというようなケースである。

　IDCF事件は、ヤフー事件と合わせて、IDCSが有していた未処理欠損金を余すことなく活用することでグループとしての税負担を軽減するというスキームとして行われたものであるというのが、最高裁の認定であると解されるが、仮に、未処理欠損金を活用するという目的がなく、かつ、組織再編成そのものについては合理的な事業上の目的が認められた場合であっても、IDCFに資産調整勘定を計上させることが税負担の軽減につながるとの状況があったとして、そのために本来必要のないIDCF株式譲渡というワンステップを挟んで組織再編成が行われていたようなケースを想定すると、IDCF株式譲渡が税負担を減少させることのみを目的として一定の行為または計算を実施したものとして認定される余地があったと解される。そのような場合が、事業上の必要性ないし合理的な事業目的に基づいて実際される組織再編成を実行するに際して、税負担の減少のみを目的と

して一定の行為または計算を実施するものとも認められる場合の一例といえるであろう。

また、合理的な事業上の目的を達成するための組織再編成を実行するに際して、最終的なグループ会社の構成を実現するために、複数の方法が認められる場合に、経済的合理性という観点からは不自然な方法を選択することで、法人税の負担を軽減するというような場合も、これに当たる場合が多いと思われる。

なお、事業上の必要性ないし合理的な事業目的に基づいて計画された組織再編成を実行するに際して、税負担を減少させることのみを目的として一定の行為または計算を実施したものと認められる場合であっても、それがただちに濫用基準に該当し、法人税法132条の2の適用対象となるということではなく、税負担が軽減されることが、組織再編税制に係る規定の趣旨・目的から逸脱しているものとは認められない場合には、濫用基準を満たさない場合もあり得ると解される。

Q4 未処理欠損金の取込みについて

　グループ内の法人に数年にわたって損失を計上し、未処理欠損金を保有している法人がある一方で、非経常的な取引によって多額の利益を計上することが予想される法人があるときに、両法人が合併することで、税負担の軽減を図ることは、法人税法132条の2の適用対象となるか。

　　　　結論的にいえば、具体的な事実関係によるものの、法人税法132条の2の適用対象となる可能性は低いと考えられる。
　　　　例えば、以下のような例を考えてみる。
① 　A1社およびB1社は、いずれも、持株会社C1社によって発行済株式全部を保有されており、A1社とB1社の間には、特定資本関係が認められる。当該A1社とB1社の特定資本関係は、2012年3月31日に発生した。なお、A1社およびB1社の決算期は3月末である。
② 　A1社は、C1グループ内において、IT関連事業を行う子会社2社を保有する中間持株会社であったが、C1グループにおいてIT関連事業を手放すこととし、A1社は、2015年12月、保有するIT関連事業を営む子会社2社の株式全部を他社に譲渡した。当該子会社株式の譲渡により、A1社には有価証券譲渡益20億円が発生した。
③ 　B1社の事業については、多額の赤字が発生しており、2013年3月期、2014年3月期、2015年3月期において、それぞれ10億円ずつ未処理欠損金が発生していた。
④ 　C1社は、A1社において発生した有価証券譲渡益に対して課される法人税の負担を減少させ、B1社の未処理欠損金を有効活用する目的

で、A1を合併法人、B1社を被合併法人とする合併を2016年3月に実行した。なお、C1社は、保有する子会社株式であるB1社株式について、そのままでは、会計上減損処理を行う必要があったところ、A1社との合併により、子会社株式の減損処理を免れることができた。
⑤　A1社は、2016年3月期において、適格合併によりB1社から引き継いだ未処理欠損金について、法人税法上の規定に従って損金に算入して申告した。

　以上を図示すると、**図表9**のとおりとなる。
　このケースの場合、A1社とB1社の合併がない場合には、A1社に生じた有価証券譲渡益に対する法人税の課税がなされる一方、B1社の未処理欠損金については、B1社が赤字のため損金に算入されないまま翌期に繰り越されていたのに対し、A1社を合併法人、B1社を被合併法人とする適格合併によって、B1社の未処理欠損金がA1社に引き継がれることとなり、2016年3月期の所得金額の計算上、法人税法によって規定された一定の範囲で未処理欠損金が損金に算入されることとなり、A1社の法人税の負担が軽減されることとなる。
　A1社は、もともとは中間持株会社であり、保有していたIT関連子会社の株式を譲渡したことによって、実質的に何ら事業を営んでいない法人となったことからすると、A1法人を合併法人とし、B1法人を被合併法人とする合併を実施することによって、B1社で営んでいた事業をA1社に移転させることの事業上の必要性ないし合理的な事業目的も見い出しがたいともいえるように思われる。
　ただし、上記のとおり、C1社の立場からすれば、A1社とB1社との合併により、子会社であるB1社の株式の簿価について減損処理を避けることができたというメリットの主張がなされる可能性はある。また、A1社とB1社との合併により、B1社が営んでいた事業について、財務内容の悪化したB1社ではなく、豊富な現金を有しているA1社で当該事業を

図表9 未処理欠損金取込みの概要図

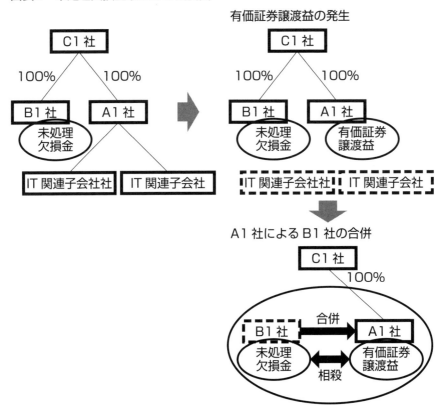

　行ったほうが、金融機関を含む取引先との関係等に関して有利となり、事業の安定化につながるというようなメリットもないとはいえないであろう。

　第2編第3章第2節**3**において、ヤフー・IDCF事件控訴審判決との関連でも述べたが、企業が行う組織再編成については、それが本来は税負担の軽減のみを目的としていたとしても、事業上の必要性について何らかの説明を行うことができる場合が多く、税負担の軽減以外の正当な事業目的ないし合理的な事業上の必要性が認められるか否かの判断はきわめて難し

い場合があり得ると考えられるところ、A1社とB1社の合併についても、C1社にとっての子会社株式減損処理回避のメリットや、B1社で営んでいた事業についての安定化や財務基盤の強化といった点が、A1社とB1社との合併の正当な事業目的となるか否かという判断は非常に難しいように考えられるのである。

しかしながら、A1社とB1社の合併に関しては、仮に、合理的な事業上の必要性ないし正当な事業目的は認められず、法人税の負担軽減を目的として実行されたものと認定されたとしても、なお、法人税法132条の2の不当性要件は満たさないものと解される。

法人税法132条の2の不当性要件への該当性の判断基準である濫用基準を充足するためには、税負担軽減目的で実行された組織再編成であることのみならず、税負担軽減目的が達成されることが、組織再編税制に係る規定の趣旨・目的から逸脱しているものと認められる必要がある。

なお、組織再編税制導入以後、未処理欠損金の損金算入額について制限を課すことを内容とする税制改正が行われており、組織再編税制創設当時に比べると、未処理欠損金を利用した税負担の軽減を図っても、それによる税負担軽減の効果が減少しているといえる一方で、未処理欠損金について7年前よりも古い事業年度において発生したものも損金に算入することが可能となっており(平成30年4月1日以後に開始する事業年度においては、事業年度開始前10年以内に開始した事業年度において生じた欠損金を利用することができるようになる)、欠損金の引継ぎは、引き続き、法人税の負担を軽減する上で利用できる制度であり続けるであろう。

未処理欠損金の引継ぎについては、組織再編税制が創設された平成13年度の税制改正以降、さまざまな点で改正が行われて、より詳細な引継ぎ制限規定が置かれるようになっている。ただ、現行の法人税法を前提としても、特定資本関係(支配関係)成立後に生じた未処理欠損金については、それが特定資産譲渡等損失額に相当する金額から成る部分の金額でない限

り、引継ぎが制限されないものとされている。特定資本関係(支配関係)が生じた以後の未処理欠損金について、それが特定資産譲渡等損失額に相当する金額から成る部分の金額でない限り、引継ぎが制限されないものとされているのは、グループ外から損失や未処理欠損金を取り込んで税負担の軽減のために利用するような行為を制限するという点にあると考えられる。とするならば、特定資本関係(支配関係)が生じた以後に、事業を営むことによって生じた損失から成る未処理欠損金について引継ぎを認めることについては、未処理欠損金の引継ぎについての制限を規定した法令の趣旨・目的からなんら逸脱するものではないと解せられる。

　ヤフー事件の場合は、未処理欠損金の引継ぎが原則制限される中で、一定の要件を満たす場合には、経営面からみて合併後も共同で事業が営まれているとみることができるものとして、未処理欠損金の引継ぎが認められていたのに対し、法人税の負担を減少させる目的で、未処理欠損金の引継ぎが認められるための要件を形式的には満たしているものの、実質的に合併後も共同で事業が営まれているとは認められないとして、組織再編税制に係る規定の趣旨・目的を逸脱していると認定されたものである。それに対して、特定資本関係(支配関係)が生じた以後に事業を営むことによって生じた損失からなる未処理欠損金の引継ぎが認められるのは、もともとグループ外から持ち込まれるものではないことから、制限すべき事情が認められないということが前提としてあるのであり、形式的のみならず、実質的にも何らかの要件を満たさなければならないというような事情は認められないのである。

　したがって、A1社とB1社との合併に関しては、それが法人税の負担を減少させることを目的として実行されたものであって、それ以外に事業上の必要性や事業上の目的が認められないとされた場合であっても、法人税法132条の2の濫用基準を満たすことにはならず、未処理欠損金の引継ぎが制限されるということにはならないであろう。

もっとも、A1社とB1社との合併が形式的なものに過ぎず、未処理欠損金が引き継がれて、合併法人であるA1社において損金に算入されることでA1社の税負担が軽減された後、ただちに、もともとB1社で営んでいた事業を対象とする新設分割がなされて、実質的には、A1社とB1社の合併が行われる前の状態に戻っているというような場合には、まったく実体の伴わない組織再編成であり、実体を伴った組織再編成に対して適用されるべきものとして組織再編税制に係る規定が置かれているとの解釈の下、組織再編税制に係る規定の趣旨・目的を逸脱しているとの認定が行われて、法人税法132条の2の濫用基準を満たすものとされる可能性があることは、第2編第6章第2節で紹介した事例が示しているとおりである。

Q5 5年経過後の未処理欠損金取込み

　多額の未処理欠損金を有する法人を買収して100％持分を取得し、完全支配関係が成立して5年以上経過した後に当該被買収法人を合併することによって、未処理欠損金を引き継ぎ、法人税の負担を減少させることは、法人税法132条の2の適用対象となるか。

A5

　これについては、以下の2つのケースに分けて考えてみる。

(1)　もともと多額の未処理欠損金を有するのみで、特段の事業活動を行っていない法人を買収して100％持分を取得し、完全支配関係成立から5年以上経過した後に合併を行う場合

(2)　事業上の必要性に応じて100％持分を取得することによって買収した会社に多額の未処理欠損金があり、当該未処理欠損金の額が多額であるため、事業によって稼得される利益のみでは、未処理欠損金を利用しきれないことから、他の多額の利益を計上している会社との間で合併を行う場合

1　(1)の場合

　上記(1)のケースでは、未処理欠損金を保有する会社(以下「被買収法人①」という。また、被買収法人①の100％持分を取得した法人を「買収法人①」という)は、いわゆるペーパーカンパニーであり、そもそも、買収法人①が被買収法人①の株式を取得すること自体、税負担の軽減以外の事業目的は認められない。また、買収法人①と被買収法人①との間に完全支配関係が成

立した後5年以上経過した日を事業年度開始の日とする事業年度に、買収法人①が被買収法人①を吸収合併することも、被買収法人①の株式を取得した時点であらかじめ計画されていたものであり、税負担の減少を目的としたスキームとしてあらかじめ立てられた計画に基づいて実施される組織再編成であるといえるであろう。

　法人税法57条3項、法人税法施行令112条4項によれば、適格合併の場合で被合併法人と合併法人との間に、合併の日の属する事業年度開始の日の5年以上前から完全支配関係が生じており、それが合併の日まで継続している場合には、無条件で被合併法人の未処理欠損金を合併法人に引き継ぐことができるものとされている。『改正税法のすべて（平成13年版）』[13]において組織再編成を利用した租税回避の例として、一番最初に「繰越欠損金や含み損のある会社を買収し、その繰越欠損金や含み損を利用するために組織再編成を行う」ということが挙げられており、未処理欠損金を有する法人を買収し、その後適格合併によって未処理欠損金を引き継ぐという税負担軽減のプランニングが行われる可能性について、立法当事者は十分認識していたことは間違いないと思われる。組織再編税制導入当時は、未処理欠損金の繰越期間が5年間とされていたことから、5年以上完全支配関係が継続している旨の要件を課すことによって、未処理欠損金のある会社を買収し、その未処理欠損金を利用するために組織再編成を実施するということは実質的にできないものとされていたのであり、5年という期間には大きな意味があったといえる。しかしながら、その後、未処理欠損金の繰越期間が平成16年度税制改正によって、7年に延長され、さらにその後未処理欠損金の繰越期間がさらに延長されたことによって、5年待てば、未処理欠損金を利用できる状態が生じている。

　未処理欠損金の繰越期間が延長になったにもかかわらず、未処理欠損金

---

[13] 『改正税法のすべて（平成13年版）』（大蔵財務協会、2001）244頁参照

の引継ぎ制限にかかる支配関係継続期間の要件に変更がなされなかった理由については不明であるが、おそらくは、いくらタックス・プランニングをしても、5年という長い期間の経過の中で予定通りには進まないリスクは大きく、5年を超えたタックス・プランニングは難しいというような理解があったのではないかと思われる。

　結局、適格合併の場合で被合併法人と合併法人との間に、合併の日の属する事業年度開始の日の5年以上前から完全支配関係が生じており、それが合併の日まで継続している場合には、未処理欠損金の引継ぎが認められるということについては、その趣旨・目的という点から、5年という形式的な期間という要件さえ満たせば認められると解するのが自然であり、何らかの実質的な趣旨・目的というものを想定するのは困難であろう。このように解しないと、5年の期間という形式的な要件を定めた意味がなくなり、租税法律主義との関係でも問題が生じるものといわざるを得ないのである。

　したがって、(1)のケースでも形式的に、買収法人①と被買収法人①との間に、完全支配関係が成立してから5年以上経過した後開始された買収法人①の事業年度において、買収法人①と被買収法人①との間で適格合併がなされている以上、被買収法人①の未処理欠損金が買収法人①に引き継がれるということについては、組織再編税制に係る規定の趣旨・目的を逸脱するものとは言いがたく、法人税法132条の2の不当性要件の判断基準である濫用基準を充足しないと考えられるのではないだろうか。

　ただし、被買収法人①がいわゆるまったくのペーパーカンパニーであって、未処理欠損金を有するという以外に実体のない法人であることから、被買収法人①の株式の取得は、実質的には未処理欠損金が有する税効果の譲受けに過ぎず、買収法人①と被買収法人①との間の合併も、実質的には、未処理欠損金の税効果のみの移転に過ぎないという認定に基づき、実体としては組織再編成とは認められず、そのような実体として組織再編成

と認められないものに組織再編税制に係る規定を適用することは、組織再編税制に係る規定の趣旨・目的を逸脱するもとの解釈もできなくはないであろう。その場合には、濫用基準を満たし、法人税法132条の2の不当性要件を満たすものとして、法人税法132条の2の適用による否認が認められる可能性が生ずることとなる。

なお、(1)のケースは、机上の想定では考えられるものの、現実にはなかなかこのようなプランニングが実行されることはないのではないかと思われる。現実問題として、多額の未処理欠損金を抱えた法人で、かつ、事業等を営んでいないような法人が存在する可能性は低いと思われるし、仮に存在するとすれば、それは、未処理欠損金の税効果分を利用したい法人に対して売りつけるための法人というようなケースになるのではないかと思われる。そのようなケースでは、被買収法人①の株式を取得する際の譲受の対価として、被買収法人①の未処理欠損金を引き継ぐことによって得られるであろう税効果の価値に相当する金額を支払うことになるのではないかと思われるが、そのような現実のキャッシュアウトがあるとすると、5年以上待って税負担の軽減を得ることにあまりメリットは生じないであろうと考えられるのである。

2　(2)の場合

上記(2)の場合というのは、例えば、次のような例が考えられる。

事業を営む法人（以下「買収法人②」という）が、事業の多角化を目的として、自らが営む事業とは別の事業を営む法人（以下「被買収法人②」という）の発行済み株式のすべてを取得することにより買収したが、被買収法人は、当該買収前に生じた一時的な多額の損失により、多額の未処理欠損金を抱えていた。その時点では、買収後、被買収法人②の事業にてこ入れを図ることで利益を増やし、未処理欠損金を被買収法人②において利用する予定であったが、予測に反して、被買収法人②はわずかな利益を計上する

にとどまり、未処理欠損金の損金算入による利用は進まなかった。そこで、買収法人②は、被買収法人②の株式の取得後、5年経過した後に開始した事業年度において被買収法人②を合併し、被買収法人②の未処理欠損金を引き継いで損金に算入することで、買収法人②の営む事業から生ずる所得と相殺することによって法人税の負担を減少させた。

これを図示すると、**図表10**のとおりとなる。

(2)のケースにおいても、買収法人②を合併法人、被買収法人②を被合併法人とする合併は、被買収法人②が有する未処理欠損金を買収法人②に引き継ぐことで、法人税の負担を減少させることを目的としたものとなる。しかしながら、(2)のケースにおいては、買収法人②についても、被買収法人②についてもそれぞれ事業を営んでおり、法人としての組織を有しているものであって、買収法人②と被買収法人②が合併するとなれば、目的が未処理欠損金の引継ぎであったとしても、合併に伴う事業組織の変更等種々の問題を検討した上で合併を行う必要があり、(1)のケースのような実体を伴わない合併ではなく、実体を伴った合併となる。

(1)の場合において検討したとおり、適格合併の場合で被合併法人と合併法人との間に、合併の日の属する事業年度開始の日の5年以上前から完全支配関係が生じており、それが合併の日まで継続している場合には、未処理欠損金の引継ぎが認められるということについては、その趣旨・目的という点から、5年という形式的な期間という要件さえ満たせば認められると解せられるのであり、(2)の場合には、合併が実体を伴うものである以上、未処理欠損金の引継を制限する組織再編税制に係る規定の趣旨・目的を逸脱することにはならないものと解せられる。したがって、(2)の場合には、法人税法132条の2の不当性要件の判断基準である濫用基準を満たすものではなく、法人税法132条の2の適用によって否認されるということにはならないであろう。

また、もともとの目的が被買収法人②の未処理欠損金を引き継ぐことに

図表10　5年経過後の未処理欠損金取込みにかかる概要図

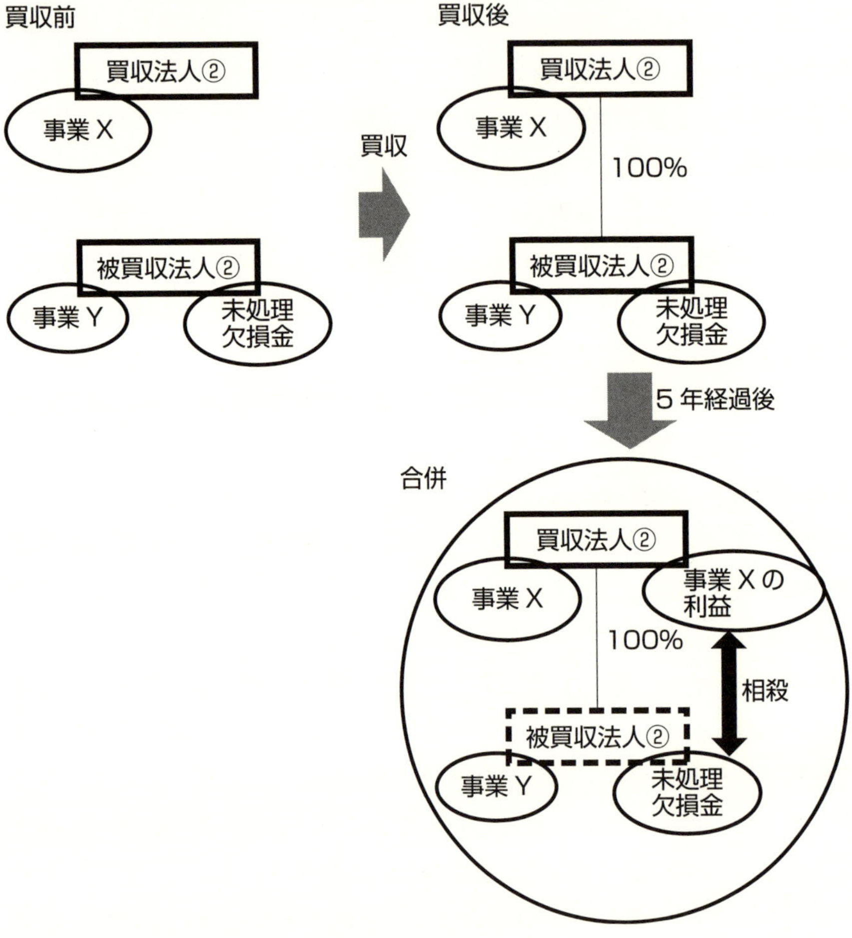

買収前

買収法人②
事業X

被買収法人②
事業Y　未処理欠損金

買収 →

買収後

買収法人②
事業X
100%
被買収法人②
事業Y　未処理欠損金

5年経過後 ↓

合併

買収法人②
事業X　事業Xの利益
100%
被買収法人②
事業Y　未処理欠損金
相殺

よって買収法人②の法人税の負担を減少させることにあったとしても、現実に事業を営んでいる買収法人②と被買収法人②が合併をするに際しては、例えば、間接部門の合理化や、あるいは、合併によって被買収法人②が営んでいた事業についての財務基盤が強化されるなど、何らかの事業上のメリットが生じるのが通常であり、とすれば、事業上の必要性ないし合

理的な事業目的も伴う合併であると認められる場合も多いであろう。したがって、事業上の必要性ないし合理的な事業目的に基づく合併として、組織再編税制に係る規定の趣旨・目的を逸脱しているか否かを検討するまでもなく、濫用基準を充足せず、法人税法132条の2は適用されないとされる場合が多いと考えられる。

　なお、(2)のケースにおいても、買収法人②による被買収法人②の合併後、もともと被買収法人②が営んでいた事業を対象とする新設分割を実施するなどの手法を用いることによって、もともと被買収法人②が営んでいた事業や組織を別の法人にそっくり移し、実質的には、被買収法人②の抱えていた未処理欠損金を買収法人②に引き継いだだけで、それ以外の経済的な実質に関して、合併前と何ら変わらない状態が最終的に生じているような場合には、まったく実体を伴わない形式のみを作出することによって法人税の負担を減少させることのみを目的とした組織再編成であり、組織再編成にかかる規定の趣旨・目的を逸脱しているとして濫用基準を満たすものと認定され、法人税法132条の2が適用される可能性が生じることはいうまでもないであろう。

Q6 適格要件を満たすための行為

組織再編成を実施するに際して、適格組織再編成の要件を満たすために、以下のような行為をすることは、法人税法132条の2の不当性要件に該当し、否認の対象となるのか。

(1) 支配関係のない法人間の合併において、共同事業を営む場合の適格合併の要件の1つである事業規模要件を満たすために合併直前に被合併法人の増資を行うこと

(2) 支配関係のない法人間の合併において、共同事業を営む場合の適格合併の要件の1つである従業者引継要件を満たすために、合併直前に従業員を削減すること

A6

1 (1)の行為

支配関係のない法人同士が合併する場合においては、共同事業を営む場合の適格要件である共同事業要件を満たす必要がある。

共同事業要件を充足するためには、①金銭不交付要件(合併の対価として、合併法人株式、合併親法人株式のいずれか一方の株式以外の交付がないこと、無対価を含む)、②事業関連性要件(被合併事業法人の被合併事業と合併法人の合併事業とが相互に関連するものであること)、③事業規模等要件、④従業者引継要件、⑤事業継続要件(被合併法人の被合併事業が合併後に合併法人において引き続き営まれることが見込まれていること)、⑥株式継続保有要件[14](ただし、被合併法人の株主等の数が50人以上である場合は必要とされない)、のいずれの要件も満たす必要がある(法人税法2条の2・12号の8

ハ、法人税法施行令4条の3・4項)。

　このうち、事業関連性要件、従業者引継要件、事業継続要件、株式継続保有要件を満たすものの、合併法人と被合併法人の規模に大きな差がある場合に、事業規模等要件を充足することができるか否かが問題となるケースが生じる。なお、事業規模等要件とは、事業規模要件か、特定役員引継要件のいずれかを満たせば足りるが、被合併法人の役員についてすべて退任することが決まっている場合には、特定役員引継要件を満たすことはできず、事業規模要件を満たさなければならない。

　事業規模要件を充足するためには、被合併法人の被合併事業と合併法人の合併事業のそれぞれの売上金額、被合併事業と合併事業のそれぞれの従業者の数、被合併法人と合併法人のそれぞれの資本金の額もしくは出資金の額もしくはこれらに準ずるものの規模の割合がおおむね5倍を超えないことが必要とされている(法人税法施行令4条の3・4項2号)。なお、これらすべての要件を満たさなければならないとはされておらず、これらのうち、いずれかの要件を満たすときには、事業規模要件を満たすものとされている(法人税基本通達1-4-6(注)、以下「法基通」という)。

　合併法人と被合併法人の規模に大きな差がある場合において、売上金額や従業者数について、合併直前になって増やしたり減らしたりすることは事実上不可能であろうが、資本金については、比較的容易に増資、あるいは減資をすることが可能である。

　例えば、合併法人の資本金が10億円で、被合併法人の資本金が1億円というような場合であるとすれば、被合併法人が増資を行って資本金を倍の2億円とすれば、合併法人と被合併法人の資本金の額の割合は5倍とな

---

[14] 平成29年度税制改正大綱によると、被合併法人の発行済株式の50％超を保有する企業グループ内の株主がその交付を受けた合併法人の株式の全部を継続して保有することが見込まれることに要件が変更されることが見込まれる。

り、規模要件を充足することとなるのである。例えば、被合併法人が同族経営の会社であったような場合には、増資手続は比較的容易に実施することが可能であり、資金さえ手当てできれば時間をかけずに実行できる。この場合、法人税法132条の2が適用されることで、適格合併であることが否認されることとなるのであろうか。

　なお、検討するケースにおいては、合併自体については、事業上の必要性や合理的な事業目的は認められるということを前提とし、また、被合併法人は未処理欠損金を抱えており、非適格合併とされた場合には、当該未処理欠損金が合併法人に引き継がれないこととなって、適格合併であると認められた場合に比較して、合併法人の法人税の負担が増加するということを仮定する。

　この場合、合併に事業目的が認められるとしても、被合併法人が行った増資自体については、適格合併の要件を充足することによって、被合併法人の未処理欠損金を引継ぎ、合併法人の法人税の負担を減少することを目的とする行為であるとして、法人税法132条の2の不当性要件を充足するのではないかが問題となる。

　増資に関しては、被合併法人において資金調達の必要性があった等の事業上の必要性があったというような場合もあり得るが、合併の直前になって増資を行うことに事業上の必要性があったということの認定は必ずしも容易ではないであろう。したがって、被合併法人の増資については、法人税の負担を減少させることを目的としたものであって、事業上の必要性ないし合理的な事業目的は認められないとされる可能性がある。その場合、増資を行うことが、適格合併の要件を定めた組織再編成にかかる規定の趣旨・目的を逸脱するか、という点が問題となる。

　共同事業を営む場合の適格要件の1つとして規模要件が設けられたのは、大が小を飲み込むような合併においては、通常は、共同で事業を営むものとはいえず、「大が小を買う」という態様のものであると認められると

いうことにあると考えられる。もちろん、規模が大幅に異なる会社間の合併においても、規模の小さい会社が有する技術や製品の将来性という点で、共同で事業を営むものと認めるべき場合もあるであろうが、その場合には、被合併法人の特定役員が合併法人においても役員として経営に関与するのが通常であり、規模要件を満たさなくとも特定役員引継要件を満たすことによって事業規模等要件を満たすことができるということがいえるであろう。

とするならば、規模が大幅に異なる会社間の合併において、特定役員引継要件も満たさないにもかかわらず、合併の直前になって増資を行うことで規模要件を形式的に充足するという行為は、共同事業を営む場合の適格要件について定めた組織再編税制に係る規定の趣旨・目的を逸脱するものであるとの評価も可能であろう。

したがって、規模要件を満たすことを目的として合併の直前に被合併法人が増資を行った場合、法人税の負担を減少させることを意図したものであって、組織再編税制に係る規定の本来の趣旨・目的から逸脱する態様でその適用を受けるものであり、濫用基準に該当し、法人税法132条の2の不当性要件を充足するとされる可能性は否定できない。

しかしながら、規模要件の指標として資本金の額を含め、資本金の額が合併直前でおおむね5倍以内であれば規模要件を充足するというような規定を置けば、当然に、当該要件を満たすために合併の直前に増資を行うというようなことは想定できたはずである。したがって、それを制限する必要があるのであれば、明文の規定を置いて制限することは容易であったと考えられる。本来、租税法律主義の観点からは、少なくとも、立法の時点で、趣旨に反する行為がなされる可能性が予見できるような場合には、明文の規定で制限すべきであろう。行為計算否認規定は、組織再編成を利用して税負担を減少させることを目的とした行為について網羅的に予測することが不可能であることに対応した規定なのであって、事前に予測された

行為についてまで適用するというのは、租税法律主義に反するのではないだろうか。

　また、資本金の額についてその割合がおおむね5倍を超えないという形式的な基準を設けているという点からも、そこに実質的な趣旨・目的というものを読み込むことは不合理であるようにも思われ、形式的な要件を満たす限り、それ以上に実質的に何らかの要件を満たさなければならないということにはならないと解せられる。

　したがって、合併の直前に増資を行って規模要件を充足するという行為については、組織再編成に係る規定の趣旨・目的を逸脱しているとまではいえず、また、租税法律主義の観点からも、包括的な行為計算否認規定である法人税法132条の2の適用はないものと解せられるのではないだろうか。

2　(2)の行為

　上記1において記載したとおり、支配関係のない法人同士が合併する場合においては、共同事業を営む場合の適格要件である共同事業要件として、金銭不交付要件、事業関連性要件等6つの要件を満たす必要があり、その中の要件の1つに従業者引継要件がある。

　従業者引継要件とは、被合併法人の合併の直前の従業者のうち、その総数のおおむね80％以上に相当する数の者が合併後に合併法人の業務に従事することが見込まれている場合に充足するものとされている(法人税法施行令4条の3・4項3号)。また、ここでいう「従業者」とは、役員、使用人その他の者で合併の直前において被合併法人の合併前に営む事業に現に従事する者をいうとされており、出向により受け入れている者等で被合併法人の事業に現に従事する者を含み、下請け先の従業員は、例えば自己の工場内でその業務の特定部分を継続的に請け負っている企業の従業員であっても、従業員には含まれない(法基通1-4-4)。また、これらの従業者が

合併後に従事する事業は、合併により移転した事業に限定されない（法基通1-4-9）。

なお、合併後の従業者の減少の要因について、合併に起因する退職等には限定されていないことから、例えば、合併後に定年退職がある場合や合併後に出向の解除により合併法人を離れるような場合でも、合併後の合併法人の業務に従事することが見込まれていないとされる可能性がある。

したがって、例えば、被合併法人に出向中の者について、合併のタイミングあるいは合併の直後に出向期間の満了に伴い出向元に戻ることが予定されていたり、被合併法人の従業者の中に合併のタイミングあるいは合併の直後に定年により退職する者がいたり、被合併法人において契約社員として稼働していた者について、合併のタイミングあるいは合併の直後に契約期間満了に伴い退職することが予定されていたりすることによって、被合併法人の合併の直前の従業者のうち、2割を超えて合併法人の業務に引き続き従事することが見込まれないとされる可能性があるような場合が生じ得る。その場合に、合併の前の時点で、あらかじめ、出向契約を中途解約して合併の前に出向者を出向元に戻しておいたり、あるいは、合併のタイミングあるいは合併後に定年退職を迎える者について、合併の前の時点で定年前の早期退職勧奨を行い、割増退職金を支払って早期に退職させたりするなどして、被合併法人の従業者のうち8割以上の者が、合併後も合併法人において引き続き稼働することが見込まれるような状態にしておくというようなことが考えられる。

このような出向契約の解除や早期退職については、共同事業要件の1つである従業者引継要件を満たすために行われるものであって、非適格合併となった場合に被合併法人あるいは合併法人の法人税の負担が増加するというような場合には、法人税の負担を減少させることと目的とした行為であると認定される可能性が生じる。例えば、被合併法人が多額の未処理欠損金を有しており、非適格合併となった場合には、被合併法人の未処理欠

損金を合併法人に引き継ぐことができなくなるというような場合には、課税当局においても、税負担を減少させる目的で行われたものであるとの推測をするであろうことは容易に想像できる。出向契約を中途解約するに際して、ペナルティとしての違約金を支払ったり、あるいは、早期退職者に対して割増退職金を支払ったりするというような場合には、法人税の負担の減少という点を除けば、経済的な合理性に欠けるとの評価もできなくはないといえる。

　しかしながら、合併の直前に出向者について出向契約を解除して出向者を出向元に戻したり、あるいは、合併の直前に早期退職者を募集したりして、従業員の数を減らすという行為は、合併に向けた合理化として十分にあり得る行為であり、通常は、事業上の必要性ないし合理的な事業目的がある行為として認められるのではないかと考えられる。出向契約の中途解約により違約金を負担したり、早期退職に伴う割増退職金を支払うということも、従業員削減という合理化の過程では通常あり得るものであり、その違約金や割増退職金の額が不相当に多額であり、出向期間満了まで勤務した場合、定年まで勤務した場合に支払われる給与や退職金等の額を大幅に上回るというような場合には経済的合理性を欠くという認定もあり得るであろうが、そのような事情が認められなければ、経済的合理性を欠くとまではいえないであろう。

　したがって、多くの場合、事業上の必要性ないし合理的な事業目的が認められることにより、法人税法132条の2の不当性要件の充足について判断する濫用基準を満たすことにはならないであろう。

　また、仮に、出向契約の中途解約や早期退職について、法人税の負担を減少させることが目的であると認定されたとしても、それが、適格合併の要件の1つとして従業者引継要件を設けた趣旨・目的を逸脱するとまではいえないものと解される。従業者引継要件については、被合併法人の従業者の大部分が合併法人の業務に従事する場合には、共同で事業を営むもの

と認められるのに対して、被合併法人の従業者の多くが合併法人の業務に従事しない場合には、共同で事業を営むものではなく、単に被合併法人の事業の一部(技術や生産設備、顧客網等)を購入するという実態が認められるというような点で、適格合併の要件の1つとして規定されたものと考えられるが、おおむね80％以上という数値での基準が設けられた以上、それを満たすために、合併の直前に従業員の数を調整するというようなことが行われることは容易に予想されるところであり、必要があればそれを規制する明文の規定を設けることは容易であったものと考えられる。にもかかわらず、合併の前に従業員の数を調整する行為について何ら制限する明文の規定を設けていないということは、おおむね80％以上という数値基準を満たす場合には、他の事情を考慮することなく、従業者引継要件を満たすものと判断するという趣旨であると考えるのが相当であろう。

したがって、仮に、出向契約の中途解約や早期退職について、法人税の負担を減少させることが目的であると認定されたとしても、それが、適格合併の要件の1つとして従業者引継要件を設けた趣旨・目的を逸脱するとまではいえず、濫用基準に該当せず、法人税法132条の2の不当性要件を満たさないことから、法人税法132条の2の適用対象とはならないものと解せられる。

合併そのものについて、事業上の必要性ないし合理的な事業目的が認められる場合で、かつ、適格合併とすることによる税負担軽減の効果が巨額であるというような特別な事情がなければ、従業者引継要件を充足するために合併の直前に従業員の数を調整するというような程度の行為についてまで、法人税法132条の2を適用するというようなことは、組織再編成を利用した税負担減少行為を防止するという法人税法132条の2が設けられた趣旨に沿ったものとはいえないであろう。非適格合併となった場合には、資産の時価評価が必要となり、保有する資産の規模等を考慮すると資産の時価評価がきわめて手間がかかる作業となる場合もあるであろうし、

そのような非適格合併を避けるために、共同事業を営む場合の適格要件である共同事業要件を充足したいと考えるのは当然のことであって、課税当局においても、あえて、そのような場合についてまで、積極的に法人税法132条の2を適用して否認しようとは考えないのではないだろうか。

 # 適格組織再編成の要件を わずかに欠くケース

　以下のような場合、適格組織再編成とは認められないこととなるのか（法人税法132条の2の適用の問題ではないが、Q6と関連するものとして取り上げたもの）。

(1)　従業員の相当数の者が、グループ会社からの出向者であり、その出向者については定期的に異動があって、出向元であるグループ会社に戻るのと入れ替わりに別の者が出向してくるというようなケースにおいて、合併の直後に出向者が入れ替わることが予定されている場合、従業者引継要件との関係では、引き続き業務に従事していることにはならず、非適格合併とされるのか。

(2)　共同事業を営むための適格要件を満たす適格合併として処理したところ、合併を機に従業員の退職が相次ぎ、被合併事業の合併直前の従業者について、退職等により2割を大幅に超えて減少する結果が生じてしまった。この場合、非適格合併として否認されることになるのか。

　本問は、法人税法132条の2の適用の有無を問題とするものではないが、適格組織再編成の要件について、その趣旨・目的を考慮した解釈について検討するものであり、濫用基準において言及されている「組織再編成にかかる規定の趣旨・目的を逸脱するもの」の解釈に関連してくるものと考えられる。

1 (1)の事例

　上記(1)の事例については、実務的にもあり得るものであり、具体的な例として次のようなケースを考えてみる。

① 　株式会社 ABC・HD 社は、事業を営む子会社 DEF 社と GHI 社の 100％持分を有する持株会社であり、子会社管理業務を主として行っていて、ABC・HD の従業員は、そのほとんどが、DEF 社および GHI 社からの出向社員であった。出向期間はおおむね 3 年程度であり、出向期間が終了するとそれぞれ出向元の子会社に戻り、その入替りとして、ABC・HD 社に子会社の従業員が出向してきていた。

② 　ABC・HD は、規模を拡大するために、子会社 DEF 社および GHI 社が営む事業と同じ種類の事業を営む XYZ 社との間で共同株式移転を行い、ABC・HD と XYZ 社の親会社として W・HD 社を設立した（以下「本件共同株式移転」という）。

③ 　ABC・HD は、子会社 DEF 社を吸収合併し、DEF 社の事業を承継した（以下「DEF 社吸収合併」という）。

④ 　ABC・HD は、子会社管理事業（子会社株式を含む）を分割して、W・HD に承継させた（以下「子会社管理事業分割」という）後、DEF 社に社名を変更した。その結果、W・HD は、完全支配子会社として、関連する事業を営む DEF 社、GHI 社、XYZ 社の 3 社を有する持株会社となった。

⑤ 　ABC・HD の従業者は本件共同株式移転前100人であり、そのうち、14人がプロパーの従業者、40人が DEF 社からの出向者、46人が GHI 社からの出向者であった。本件株式移転後、GHI 社からの出向者のうち36人が出向期間の満了により GHI 社に戻り、入替りに、20人が ABC・HD に出向となった。子会社管理事業分割により、ABC・HD のプロパー従業者14人が W・HD に異動となり、DEF 社からの

出向者30人、GHI社からの従業者30人（うち、本件共同株式移転前からABC・HDに出向していた者10人）が、W・HDに出向となった。

以上を図示すると、**図表11**および**図表12**のとおりとなる。

　当事者間に支配関係が存在しない場合の株式移転が適格株式移転となるためには、共同事業を営む場合の株式移転の適格要件である共同事業要件を満たす必要がある。共同事業を営む場合の株式移転の適格要件は、①金銭等不交付要件、②事業関連性要件、③事業規模等要件、④従業者継続従事要件、⑤事業継続要件、⑥株式継続保有要件[15]（株式移転完全子法人のすべてについてその株主の数が50人以上である場合は不要）、⑦組織再編後完全支配関係継続要件（株式移転後に株式移転完全子法人と他の株式移転完全子法人との間に、株式移転完全親法人による完全支配関係が継続することが見込まれていること）の7つの要件をいずれも満たすことである。

　⑴のケースでは、このうち、従業者継続従事要件が問題となる。

　株式移転の適格要件としての従業者継続従事要件は、株式移転に係る株式移転完全子法人または他の株式移転完全子法人の当該株式移転の直前の従業者のうち、それぞれその総数のおおむね100分の80以上に相当する数の者が、それぞれ当該株式移転完全子法人または他の株式移転完全子法人の業務に引き続き従事することが見込まれていることである（法人税法施行令4条の3・22項3号）。また、上記の例でABC・HDが行ったように、当該株式移転後に当該株式移転完全子法人を分割法人とする適格分割に伴い、当該直前の従業者の一部が当該適格分割に係る分割承継法人に引き継がれることが見込まれている場合には、当該直前の従業者のうち当該分割承継法人に引き継がれる者で当該株式移転後に当該株式移転完全子法人または他の株式移転完全子法人の業務に従事し、当該適格分割後に当該分割承継法人の業務に従事する者の数と、当該直前の従業者のうち当該分割承

---

[15]　注14参照

図表11　概要図

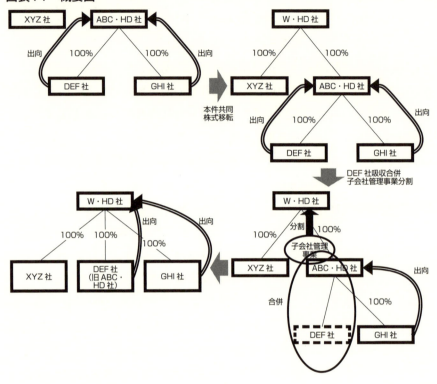

図表12　従業者の引継ぎの状況

本件共同株式移転前	人数	子会社管理事業分割後	人数
ABC・HD社	100人	W・HD社	54人
		DEF社（旧ABC・HD）	10人
		GHI社	36人
GHI社	20人	W・HD	20人

継法人に引き継がれずに当該株式移転完全子法人または他の株式移転完全子法人の業務に従事する社の数とを合計した数が、8割以上となることが見込まれていることが、従業者継続従事要件を満たすために必要となる。

　(1)のケースでは、本件共同株式移転の直前にABC・HDの業務に従事していた従業者は100人であり、その100人のうち、54人がW・HD社の業務に引き続き従事することが見込まれ、うち10人がABC社(社名変更後は、DEF社)の業務に引き続き従事することが見込まれていることから、株式移転の直前の株式移転完全子法人の従業者100人のうち、判定の対象となる従業者は64人であり、おおむね100分の80以上という基準を満たしていないこととなってしまうことになる。

　しかしながら、本件共同株式移転の直前にABC・HDの従業者100人のうち、36人が出向元であるGHI社に戻っているものの、入れ替りに20人がABC・HDに出向となり、子会社管理事業分割に伴い、W・HDに出向となっている。仮に、この入れ替りの20人を判定の対象となる従業者に含めることができるとすると、判定の対象となる従業者の数は84人となり、おおむね100分の80以上という従業者継続従事要件の基準を満たすこととなる。

　この点、明文の規定上は、株式移転後の従業者の減少の原因を、株式移転に起因する退職等に限っておらず、どのような原因によって生じたのかを問わず、従業者が株式移転後も引き続き株式移転完全子法人等において業務に従事することが見込まれていなければ、おおむね100分の80以上か否かを判定する対象には含まれないこととなる。また、減少した従業者に替わる者が新たに加わることが予定されていたとしても、その者をおおむね100分の80以上か否かを判定する対象に加える旨の明文の規定は存在しない。

　したがって、(1)のケースでは、おおむね100分の80以上という従業者継続従事要件を充足するための基準に達しておらず、適格株式移転の要件を

満たしていないとも考え得るし、仮に、納税者が適格株式移転として税務上の処理を行っていたとすれば、課税当局により、適格株式移転としての要件を満たしていないとして否認の対象となる可能性も否定できない。

　しかしながら、従業者引継要件については、株式移転直前の株式移転完全子法人等の従業者の相当数が、株式移転後も、そのまま株式移転完全子法人等の業務に従事する場合には、事業そのものが株式移転の対象となっており、単に事業の一部である資産等の取引とは異なるということがいえるということから、適格株式移転の要件の1つとされていることからすると、(1)のケースにおいて、適格株式移転であると認定したとしても、従業者引継要件の趣旨・目的に何ら反するものではないといえるのではないだろうか。

　すなわち、出向という形態については、同一の業務を同じ出向元からきた出向者が一定の出向期間に応じて交代しながら担当を続けるというようなことは通常あり得るものであり、交代後の出向者が交代前の出向者と同一人物でないとしても、株式移転完全子法人の業務に従事する者に出向者がいる場合には、同じような経験、バックグラウンドをもった者が引き続き業務に従事していることが通常であり、その場合には、株式移転前の事業の状態が継続しているとの評価が可能であるように思われ、法人税法施行令に規定された「引き続き従事することが見込まれる者」に含まれるとの解釈が可能であるように思われるのである。なお、同じことは、派遣社員についても当てはまるのであり、派遣社員の交代があったとしても、同じような技術や知識、経験をもった者が引き続き派遣社員として業務に従事していれば、同一人物ではないとしても、「引き続き従事することが見込まれる者」に含まれるとの解釈が相当なように思われる。

　したがって、(1)のケースは、本件共同株式移転の直前にGHI社からABC・HD社に出向していた46人中、本件共同株式移転後36人が出向元であるGHI社に戻ることが見込まれているものの、そのうち20人分について

は、GHI社からの新たな出向者によって交代する者が業務を引き継ぎ、その後、子会社管理事業分割によりW・HDに出向することが見込まれているのであるから、当該20人については、本件共同株式移転前にABC・HDに出向していた者20人が本件共同株式移転後も引き続きABC・HD社の業務、さらにはW・HD社の従事することが見込まれているものとみなし、当該20人を含めた上で判定を行い、100分の80を超えて従業者引継要件を満たしているものとの判断を行うべきであろう。

　法人税法132条の2の不当性要件の充足の判定には濫用基準が用いられて、税負担の減少を目的として、組織再編税制に係る規定の趣旨・目的を逸脱する態様でその適用を受けるもの、または免れるものと認められる場合に、濫用基準に該当することとなるが、逆に、組織再編税制の規定の明文の規定に定められた要件を形式的には満たしているとはいえない場合であっても、組織再編税制に係る規定の趣旨・目的に合致しており、かつ、法人税の負担を減少させる意図とはまったく無関係の場合には、組織再編税制に係る規定に定められた要件を満たしているとの解釈が可能な場合もあるのではないだろうか。

　少なくとも、事業上の必要性に基づいて実施された組織再編成であることが明らかであって、かつ、非適格組織再編成となった場合に、法人税の負担の減少という効果が得られるのか否かといった点についてまったく考慮することなく、時価評価等の煩雑さを考慮して、適格組織再編成としての処理を行っていたような場合で、形式的には、一部の適格組織再編成として認められるための要件を満たしていないとしても、実質的には、共同で事業を営むものであることが認められる場合には、課税当局において、非適格組織再編成であるとして更正処分を実施するというようなことは避けることが望ましいであろう。

　もっとも、逆の立場からいえば、共同事業を営む場合の適格要件について、事業規模等要件、従業者引継要件(従業者継続従事要件)等については、

数値による基準が示されているのであるから、納税者において、形式的にでも、その基準を満たすようにすべきであろうし、課税当局としても、数値による基準が示されているものについて、形式的にでも明文の規定に定められた要件を満たしている場合には、法人税の負担の減少を目的とした組織再編成であることが明らかなような場合を除いて、問題とすることはないであろう。形式的にであっても、定められた基準に達している以上は、課税当局として、それ以上の判断が不要となるのが通常であろう。明文で数値基準が定められているにもかかわらず、その基準を満たしていないとすれば、場合によっては、課税当局としては、不本意ながらも問題として取り上げざるをえないというような状況が生じる可能性も否定できず、課税当局としては、明確な数値基準が定められている以上、納税者側において、形式的にでもいいから、それを満たすように何とかしてほしいというのが、本音ではないだろうか。

2 (2)のケース

　上記(2)のケースは、例えば、次のような場合である。
　ある事業を営むX1社は業績不振に陥り、X1社よりもやや規模の大きい同業種の事業を営むX2社に吸収合併された（以下「X1・X2合併」という）。X1社とX2社との間に資本関係はなく、共同事業を営む場合の適格合併の要件を満たすものとして、適格合併として処理された。
　共同事業を営む場合の適格合併の要件のうち、金銭等不交付要件、事業関連性要件、事業規模要件、事業継続要件、株式継続保有要件は、いずれも客観的に充足していることは明らかであるとする。
　従業者引継要件については、X1社の従業者等110名のうち、合併前に役員を中心に10名が退任ないし退職したことで、合併の直前の従業者の数は100名となっていたとする。100名のうち、合併のタイミングで、15人が何らかの理由で退職することが見込まれていたが、残りの85人は、合併後も

合併法人の業務に従事する予定であり、被合併法人の合併の直前の従業者のうち、その総数の85％が、合併法人の業務に従事することが見込まれているとして、従業者引継要件を充足するものと判断していた。

　ところが、合併後1か月も経過しない間に、X1社の元従業者で合併に伴って合併後のX2社の従業者となり、X2社の業務に従事していた者85人のうち、20人がX2社を退職した。

　上記のようなケースについて、事後的に見れば、合併直前の被合併法人X1社の従業100人のうち、65人しか合併後に合併法人X2社の業務に従事しておらず、従業者引継要件を結果として満たしていない状態が生じてしまっている。従業者引継要件は、被合併法人の合併の直前の従業者のうち、その総数のおおむね80％以上に相当する数の者が合併後に合併法人の業務に従事することが「見込まれていれば」、その要件を充足するのであるから、事後的に80％以上という要件を満たさない状態が生じたとしても、事前に80％以上という見込みがあれば問題がないものとも考えられるが、事後的な結果からみれば事前の見込みが誤った見込みだったとの評価がなされる可能性も否定できない。この点については、以下の2つの場合に分けて検討することとしたい。

① 合併に伴ってX1社からX2社に移った従業者は、もともとX1社において従事していた業務に引き続き従事していた者が大部分であったが、合併に伴い上司がX2社出身者に替わるケースもあり、X1社とX2社の社風の違いなどから退職者が相次ぎ、20人の退職者が出たという場合

② もともとX2社においてX1社を合併する真の目的は、X1社が有する顧客基盤であり、X1社の一部の優秀な営業担当者を除いて、X2社がX1社の従業員を必要とはしていなかったものであり、合併に伴ってX1社からX2社に移った従業員のうち、約半数が、もともとX1社において従事していた業務とは別の業務に担当替えとなったり、意

に沿わない転勤を言い渡されたりするなど、X2社においてX1社から移ってきた従業員が退職せざるを得ない状況をあえてつくり出したと認められる場合

上記①の場合、合併前の段階では、合併後に20人もの退職者が出るということは予測されていなかったのであり、合併前の時点では、X2社の従業者85人が引き続き、合併後の合併法人であるX1社の業務に従事し続けるものと見込まれていたものと認められる。事後的にみれば、引き続きX1社の業務に従事し続けているのは65人であるものの、20人もの退職者が出ることは事前には予測できなかったといえる。合併前には、X2社の従業者の80％以上がX2社の業務に従事し続けることが見込まれていたのであるから、従業者引継要件は満たされており、課税当局が、適格合併の要件を満たさないとして否認することはできないものと解せられる。

それに対し、上記②の場合、X2社としては、X1社の従業者を引き続きX2社の業務に従事させるというよりはむしろX1社から合併に伴ってX2社に移ってきた従業者を減らそうと合併前の段階から計画していたものと考えられ、その計画に従って、X2社から合併に伴ってX1社に移ってきた従業者が退職せざるを得ないような状況を意図的につくり上げたものと考えられる。そのように合併の前の段階から、X2社としては、合併に伴って受け入れるX1社の従業者を相当程度減らすことを意図していたとするならば、合併前の時点からすでに、被合併法人であるX1社の従業者のうち、合併後に合併法人の業務に従事することが見込まれていた従業者は、合併直前のX1社の従業者の80％を大きく割り込むことが予測されていたものといわざるを得ないであろう。

X2社は、もともとX1社の従業者を含む事業そのものというよりは、むしろ、X1社の有する顧客基盤を目的としてX1社を合併したという事情が背景にあったとすれば、実質的にも、被合併法人の事業がそのまま合併法人に引き継がれているとは評価できず、事業そのものを共同で営むことを

目的とした合併ではないとも評価し得るのであり、共同事業を営む場合の適格合併が定められた趣旨にも反していると解することも可能であろう。

したがって、上記②のケースでは、従業者引継要件が満たされておらず、課税当局が、適格合併の要件を満たしていないとして否認する可能性が生じることとなる。もっとも、従業員を退職に追い込むというような行為は、不法行為を構成する可能性もあり、実務的に、あらかじめ従業員が退職せざるを得ない状況をつくり出すことを計画するというのは困難であろう。また、すでに述べたとおり、合併前に被合併法人における合理化の一環として、早期退職制度を利用するなどしてある程度被合併法人の従業者を減らしておくということも可能であり、その場合には、共同で事業を営む場合の適格合併の要件として規定された従業者引継要件を満たしつつ、合併法人の合併に向けた意図もある程度は実現できることとなるのであるから、あえて、合併後に、被合併法人の従業者を退職せざるを得ない状況に追い込むというようなことが行われることは通常は想定しがたいといわざるを得ない。また、課税当局においても、合併の前の時点で、合併法人が、合併を契機として被合併法人から移ってくる従業者を退職せざるを得ない状況に追い込んで、その数を減らすということを計画していたという事実を認定できるに足りる証拠を入手することも、実務的には難しいのではないかと考えられる。

したがって、実際の事案で上記②のようなケースが生じる可能性は低いであろうし、また、課税当局が法人税法132条の2を適用するということも難しい場合が多いと考えられる。

組織再編成手法の選択

　組織再編成を実行するに際して、最終的な企業グループの形を実現する上で複数の方法が考えられる場合において、どのような方法を採用するかによって法人税の負担が異なるといった場合に、法人税の負担が少なくなる方法を選択した場合、法人税法の負担を減少させることを目的とした組織再編成であると認定されることになるのか。

A8　組織再編成を実行するに際して、複数の方法があり、いずれの方法を採用するかによって法人税の負担が異なるという場合、法人税の負担がより少なくなる方法を選択した場合については、第２編第２章**2**においても検討したとおり、実務的には、税負担の減少以外に当該行為または計算を行うことの合理的な理由となる事業目的その他の事由が存在しない場合に該当するものとされる可能性があることを前提とする必要があると解される。当該前提の下で、採用した方法が、通常は想定されない組織再編成の手順や方法に基づいたり、実態と乖離した形式を作出したりするなど、不自然なものと認められるか否かという事情を考慮の上、それが組織再編成に係る規定の本来の趣旨・目的を逸脱する態様と認められるか否かを判断する必要があることとなる。

　ただ、少なくとも、複数の組織再編成を実行する方法について、どの方法を採用するかによって何らかの不自然な行為が追加的に必要となるという事情が認められず、かつ、税負担という観点を捨象して考慮した場合に、いずれの方法を採用したとしても経済的・実質的な利益・不利益が生じないようなケースについては、当該組織再編成の方法が不自然なもので

あると認められる可能性は低いと思われるのであり、その場合に、法人税の負担が少なくなる方法を選択したとしても、法人税法132条の２の不当性要件の充足についての判断基準である濫用基準に該当するということにはならないものと考えられる。

したがって、例えば、K社がL社と合併するに際して、L社の100％親会社M社に対して対価として現金を交付する形でL社を合併する場合と、K社がM社から現金を対価としてL社の株式100％を取得した上でL社を合併する場合とを考えてみると、K社からすれば、同じ金額の現金が流出し、最終的にL社を合併するという点で、経済的・実質的に何ら変わりはないといえる。にもかかわらず、税務上の取扱いが現金交付合併の場合は非適格合併となり、株式を取得した上で合併した場合には適格合併となる。

このケースを図示すると、**図表13**のとおりとなる。

このケースにおいては、現金合併の場合は、非適格合併となり、L社の資産等が時価で移転することとなるため、簿価と時価との差額が税務上実現したものとしてL社について課税がなされることとなり、また、合併法人であるK社にのれん（資産調整勘定あるいは負債調整勘定）が計上される可能性が生じる。それに対して、K社がL社の株式を100％取得した上でL社を合併すれば、完全支配関係のある法人間の合併として適格合併となり、L社の資産等は簿価のままK社に移転し、K社に資産調整勘定等が生じることもない。このように、いずれの方法を取るかによって、税務上の取扱いに差異が生じ、一方の方法を採用することによって、他方の方法を採用した場合に比較して法人税の負担が減少するということが生じ得る。

一方、法人税の負担という点を除いてみると、いずれの方法を取ったとしても、K社、L社、M社にとって、実質的な差異は生じていない。そして、現金交付合併をしたとしても、株式取得後に合併したとしても、何らかの不自然な行為が追加的になされていたり、不自然な手順で組織再編成が行われていたりしている等の事情は認められないものと解せられる。株式を

図表13　現金交付合併と子会社化後の合併

組織再編成前

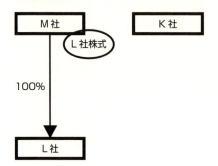

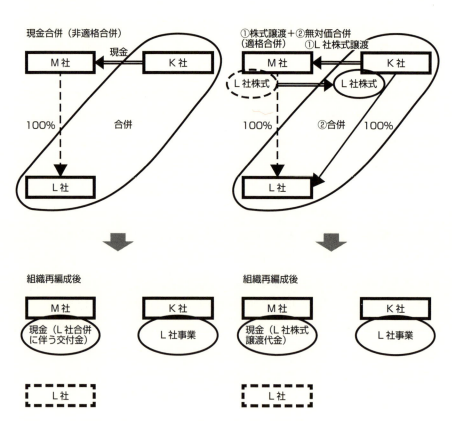

236　第3編　行為計算否認規定の適用に関するQ&A

取得し完全支配関係を構築した上で合併するということは、合併の方法として通常行われているものであり、現金合併が自然であって、株式譲渡という本来必要のないステップを経た上で合併をしていることが不自然であるというような認定がおよそ不合理なものであることは客観的に明らかであろう。

なお、第2編第4章第2節等において述べたとおり、課税当局においては、一定の行為がなされた前後を通して、税負担が軽減される以外に経済的・実質的な変更がないと認められる場合、当該行為が税負担軽減以外に事業上の目的・必要性を欠く不自然・不合理なものであり、経済的合理性を欠くものと判断する傾向にあると考えられるが、それは、あくまで、一定の行為が行われた前後で実質的な変更がない場合である。上記のケースは、K社によるL社の合併という実質的な変更が生じているのであって、複数の手法のいずれを採用したとしても、税負担の点を除いて経済的・実質的な差異がない場合であるから、一定の行為がなされた前後を通して、税負担が軽減される以外に経済的・実質的な変更がないと認められる場合とはまったく異なる。

このように、事業上の必要性ないし合理的な事業目的に基づいて組織再編成が行われる場合に、その目的を達成するために複数の方法があり、どの方法を採用しても何らかの不自然な行為が追加的に必要となるという事情が認められず、かつ、税負担という観点を捨象して考慮した場合に、いずれの方法を採用したとしても経済的・実質的な利益・不利益が生じないようなケースについては、仮にいずれの方法を採用するかによって法人税の負担が変わる場合であっても、原則として、当該組織再編成の方法が不自然なものであるとは認められず、濫用基準を満たさないことから、法人税法132条の2の適用対象となることはないものと解せられる。

Q9 法人税法132条の2の適用を念頭に置いた税務調査について①

組織再編成を実行するに当たって、法人税法132条の2の適用を念頭に置いた税務調査を受けるようなことがないようにするためには、実務的にどのような点に留意すべきか。

A9

ここまで繰り返し述べてきたとおり、ヤフー・IDCF事件最高裁判決において、組織再編成に係る行為計算否認規定である法人税法132条の2の適用要件としてもっとも重要と考えられる「不当性要件」について、濫用基準に基づいて判断することが明らかとされた。すなわち、不当性要件を満たすか否かについては、①当該法人の行為または計算が、通常は想定されない組織再編成の手順や方法に基づいたり、実態とは乖離した形式を作出したりするなど、不自然なものであるかどうか、②税負担の減少以外にそのような行為または計算を行うことの合理的な理由となる事業目的その他の事由が存在するかどうか等の事情を考慮した上で、当該行為または計算が、組織再編成を利用して税負担を減少させることを意図したものであって、組織再編税制に係る各規定の本来の趣旨および目的から逸脱する態様でその適用を受けるもの、または免れるものと認められるか否かの観点から判断するという考え方がヤフー・IDCF事件最高裁判決によって示されたのであり、今後は、当該考え方に従って、法人税法132条の2の適用について、課税当局は検討することとなる。

そして、第2編第2章**1**において述べたとおり、濫用基準について実務的な観点から考慮すると、組織再編成を、税負担を減少させることを目的

としたスキームとしてあらかじめ立てられた計画に基づいて実施する、あるいは、事業上の必要性ないし合理的な事業目的に基づいて組織再編成を実施するに際して、税負担を減少させることのみを目的として、事業上の必要性ないし事業目的の認められない一定の行為又は計算を実施するという場合に該当するか否かというのが、濫用基準の充足を判断する上で検討が行われる重要なポイントとなるものと解せられる。すなわち、組織再編成を税負担の減少を目的としたスキームとしてあらかじめ立てられた計画に基づいて実施したとは認められず、かつ、事業上の必要性ないし合理的な事業目的に基づいて組織再編成を実施するに際して、税負担の減少のみを目的として事業上の必要性ないし合理的な事業目的の認められない一定の行為または計算を実施したとも認められない場合には、基本的には、それ以上の検討がなされるまでもなく、濫用基準に該当せず、したがって、法人税法132条の2の不当性要件も充足しないものと判断がされることとなるのである。

① そのため、第1に考えるべきことは、組織再編成を実施するに際し、それが税負担の減少を目的としたスキームとしてあらかじめ立てられた計画に基づいて実施するものであるとの誤解を受けないようにするということであろう。グループ外の会社との間で組織再編成を実施する場合には、通常は、それが税負担の減少を目的としたスキームとしてあらかじめ立てられた計画に基づいて実施されるということはあり得ないと考えられることから、この点に注意を払う必要性は乏しいと思われる。しかしながら、グループ間で組織再編成を実施する場合で、組織再編成を実施する前と組織再編成とを実施した後で、何らかの形でグループ内の会社に税負担の減少という効果が生じているものと評価し得る場合には、当該組織再編成が税負担の減少を目的としたスキームとして実行されたものであるとの誤解を招くことがないように留意する必要が生じる。

グループ間で組織再編成を実行するに際して、初期段階から企業にとってのコスト要因である税負担の観点からの検討を行うことは当然のことではあるものの、少なくとも、組織再編成についての検討をスタートする最初期の段階では、組織再編成を実行するための事業上の必要性や事業上の意義（例えば、組織再編成を実施することにより、グループ企業間で重複する組織を一体化することで合理化を図る、あるいは、グループ企業間で組織を一体化することによる一層のシナジーを追求する等）についての検討が行われるのが通常であると思われる。その場合に、組織再編成についての検討を開始するに至った動機は、そのような事業上の必要性や事業上の意義の観点であったということを記録として残しておくということが重要であろう。仮に事業上の必要性に基づいて組織再編成を実行していたとしても、組織再編成について最初に作成された資料において、税負担の軽減についての検討が記載されていたりすると、税負担の減少を目的としたスキームとして組織再編成の検討が開始されたとの誤解を招きかねないのである。この点は、組織再編成に関連して作成された資料のみならず、組織再編成についてのアイディアについて情報を交換するメール等の形式のものについても、同様のことが当てはまる。
　また、組織再編成についての検討を行うに際しては、税負担という点を検討するに当たって、当然に税理士等の専門家が関与することとなるが、その場合でも、組織再編成についての発案が税理士等の税に関する専門家からなされたとの誤解を招くことがないように留意が必要である。組織再編成についての検討をスタートする最初期の段階では、まずは事業上の必要性ないし事業上の意義というアイディアが出発点となるのが通常であろうし、通常は、その発想が税務の専門家から出されることはないと思われる。したがって、そのような最初期の段階における事業上の必要性ないし事業上の意義についてのアイディ

アが組織再編成を検討する出発点であったということが後々説得力をもって説明できるような状態にしておくということに留意するということが必要であろうし、作成する資料ややりとりするメールの記載内容についても注意を払う必要がある。
② 　上記①において検討したとおり、法人税法132条の２の適用を念頭に置いた税務調査を受けないようにするためには、まずは、当該組織再編成が、税負担の軽減を目的としたスキームとしてあらかじめ立てられた計画に基づいて実施されたとの誤解を招かないようにすることが重要である。

　ただ、当該組織再編成が、税負担の軽減を目的としたスキームとしてあらかじめ立てられた計画に基づいて実行されたとの誤解が生じなかった場合でも、組織再編成を実施することで、組織再編成を実施しなかった場合と比較して、何らかの税負担の軽減という効果が生じているとの評価が可能な場合、課税当局としては、組織再編成を実施するに際して、税負担の軽減のみを目的として一定の行為または計算が実施されていないか、との観点からの検討を加えることになる可能性が高いと考えられる。

　したがって、法人税法132条の２の適用を受けないようにするためには、組織再編成を実施するに際し、税負担の軽減を目的として、事業上の必要性ないし合理的な事業目的がない行為または計算を実施するということは避ける必要がある。また、事業上の必要性ないし合理的な事業目的に基づいて一定の行為または計算を実施した結果、当該行為または計算を実施しない場合に比較して法人税の負担が減少しているという評価が可能な場合においては、当該行為または計算が税負担の軽減のみを目的として実施されたものであるとの誤解を生まないように留意する必要がある。

　具体的には、組織再編成に関連して実施する行為または計算につい

ては、事業上の必要性ないし事業上の目的について検討した上で実施されたものであるということの記録を残しておくということであろう。また、組織再編成に関連して実施する行為または計算について、税理士等税務の専門家に対して税務上の影響等について確認する等が行われることがあると考えられるが、その場合においても、当該行為または計算が、税理士等税務の専門家の発案で実施されたとの誤解を招かないように正確に記録を残す必要がある。

電子メールのやりとりにおいては、あまり深く考えることなく、例えば、「〇〇の方が税務上は有利となる」、「〇〇を行うことによって、約〇〇円だけ税負担が軽減される」等の記載を行うこともあり得るが、そのような記載が、課税当局に対して、税負担軽減のみを目的として、一定の行為または計算を実施したとの誤解を招くおそれもあるので、その点については留意が必要であろう。

特に、組織再編成を実施するに際して、最終的な企業グループの形を実現する上で、一見すると特に必要のない組織再編成を経由している、あるいは、一定の組織再編成の実施前と実施後で経済的・実質的な意味で変化が生じていないと思われるようなケースでは、それによって法人税の負担が減少したとの解釈が可能な場合、課税当局からは税負担軽減目的の組織再編成が実行されたとの推測を招く可能性がきわめて高い。したがって、そのようなケースにおいては、なぜ、そのような一見すると特に必要ない組織再編成を経由する必要があったのか、あるいは、当該組織再編成によって経済的・実質的な意味で変化が生じていないようにみえても、それがどのような点で実質的に意味を有するものであったのか、という点を客観的に明らかにできるような形での検討資料を作成し、記録として残しておくことが必要となるである。

Q10 法人税法132条の2の適用を念頭に置いた税務調査について②

組織再編成に関して、法人税法132条の2の適用を念頭に置いたと想定される税務調査を受けた場合に、法人税法132条の2の適用を受けないようにするために留意すべき点は何かあるか。

A10

課税当局が法人税法132条の2の適用を念頭に置いた税務調査を実施する場合、その調査の目的は、ヤフー・IDCF事件最高裁判決において示された濫用基準を充足することの根拠となる事実認定を行うために必要な資料を入手するということになると想定される。なお、ここでいう資料には、調査対象法人が作成した組織再編成に関連した種々の書類等、関係者間で組織再編成に関連してやりとりした電子メール等のほか、組織再編成の計画や実施に関与した関係者からの聞き取りも含まれる。

ヤフー・IDCF事件最高裁判決は、濫用基準について、①当該法人の行為または計算が、通常は想定されない組織再編成の手順や方法に基づいたり、実態とは乖離した形式を作出したりするなど、不自然なものであるかどうか、②税負担の減少以外にそのような行為または計算を行うことの合理的な理由となる事業目的その他の事由が存在するかどうか等の事情を考慮した上で、当該行為または計算が、組織再編成を利用して税負担を減少させることを意図したものであって、組織再編税制に係る各規定の本来の趣旨および目的から逸脱する態様でその適用を受けるものまたは免れるものと認められるか否かの観点から判断するという考え方を示した。このなかで、「当該法人の行為又は計算が、通常は想定されない組織再編成の手

順や方法に基づいたり、実態とは乖離した形式を作出したりするなど、不自然なものであるかどうか」という点については、ある程度客観的な外形的事実関係によって判断することが可能であると解せられ、調査法人が課税当局に提出した異動届出書や法人設立届出書、さらには、申告書の記載等から明らかになる部分が多いと考えられる。もちろん、外形的には実態と乖離した形式が作出されているような場合であっても、それが事業上の必要性に基づいた実態を伴うものであるというケースもあることから、そのような点については、現実に調査対象法人への実地調査を行うことによって初めて明らかになるということもあり得る。ただ、課税当局の考え方としては、まずは、法人設立届出書や異動届出書、申告書等の記載から把握できる外形的・客観的な事実関係に基づいて、組織再編成に伴い法人税法の負担が減少していると認められる事案を抽出した上で、当該法人税の負担の減少がどのような要因に基づいて生じているのかを分析し、それが通常は想定されない組織再編成の手順や方法に基づいていたり、当該法人税の負担軽減のために本来必要性がないと見える行為が行われていたりするなど、不自然な行為が行われていないかということを検討するものと考えられる。そのような過程を経て、客観的な事実関係に照らして、組織再編成に伴い法人税の負担が減少しており、かつ、その法人税の負担の減少が不自然な行為・計算に基づくものであると考えられるものについて、実地調査における更なる調査を行うということが多いのではないかと考えられる。

そして、実地調査においては、濫用基準の該当性を判断する事情としてヤフー・IDCF事件最高裁判決において挙げられている「税負担の減少以外にそのような行為又は計算を行うことの合理的な理由となる事業目的その他の事由が存在するかどうか」という点についての資料を収集するということが中心になると思われる。行為または計算を行うことの目的ないし理由については客観的な事実関係に基づいて推測することは可能であろう

が、それを裏付けるものとして、納税者側が組織再編成について検討する過程で作成された書類等に記載された内容や、組織再編成を計画しあるいは実施する過程において関係者間でやりとりされた電子メールによるコミュニケーションの内容が重要となるのであり、課税当局としては、事前に不自然なものであると推測していた行為・計算が、法人税の負担を減少することを目的としていたことを裏付ける内容が記載された資料を入手することを目指すのである。また、課税当局としては、事前に不自然なものであると推測していた行為・計算について、実態として意味を有する行為であると認められるような事情が存在しないか、という点についても、納税者側から入手した資料によって確認するということになるであろう。

　また、課税当局においては、組織再編成について検討する過程で作成された書類や関係者間の電子メール等を入手するのと合わせて、当該組織再編成の計画や実施に関与した関係者から聞き取りを行い、入手した資料に記載された意味を明らかにするとともに、行為・計算が法人税の負担を減少することを目的としていたことを裏付ける材料となる供述を得ることに努めるであろう。

　法人税法132条の2の適用を念頭に置いたと想定される税務調査がこのような進め方で実施される場合が多いということからすれば、それに応じた調査対応が必要となってくる。すなわち、課税当局による実地調査においては、組織再編成に係る行為・計算について、それが税負担の軽減を目的として行われたものであって、それを行うことの合理的な理由となる事業目的その他の事由がないとの認定に結びつく資料を入手し、供述を得ることが調査の主眼となるのであるから、納税者側としては、課税当局が問題視する行為・計算が、事業上の必要性ないし合理的な事業目的に基づいて実施されたものであるということを裏付ける資料を課税当局に示し、あるいは、その旨の説明を行って、課税当局から、それが税負担の軽減のみを目的として行われたものであるとの誤解を受けないように、もしそのよ

うな誤解を受けた場合にはその誤解を解消するように努めるということが重要となる。そして、そのために最も重要なことは課税当局の調査担当者の納得を得られるような説明をていねいに行うということであろう。

そして、課税当局の調査担当者の理解を得るためには、調査担当者の立場に立った対応ということを考慮すべき場合もあるということを念頭に置くことが必要である。

課税当局の調査担当者の中には、法人税に関する法令の規定、特に組織再編税制に関わる規定に精通しているものの、ビジネスの現場についての経験や知識が乏しく、事業会社で日々事業に従事している立場からすると、ビジネスの現場を理解せずに、最初から税負担軽減を目的としていたとの結論をもって調査に臨んでいるかのように思えるようなことがあるかもしれない。しかしながら、課税当局の調査担当者においても、正しい課税を行うという意識で税務調査を行っていることは間違いないのであり、納税者側としても、課税当局の調査担当者がビジネスの現場を理解していないと頭から決めつけて、納税者側の考えについて納得してもらうという努力を放棄するようなことは避けるべきなのである。課税当局者に対する説明においては、可能な限り定性的な説明ではなく、定量的な説明(当該行為によって、経済的に具体的にどれだけの効果が発生するのかという観点からの説明)に努めることが、課税当局の調査担当者の理解を得る上では重要であろう。なお、調査担当者が納得しない場合でも、調査担当者に対して行った説明は、基本的には調査担当者の上司あるいは決裁ラインにいる上位者に伝えられるのであるから、調査担当者の上司等の理解を得られる可能性もあるということを理解しておく必要がある。また、確実に調査担当者の上司等に納税者としての考えを伝えるために、重要なポイントについては書面という形での説明を行うことも検討に値するであろう(ただし、書面を提出すれば、それは証拠として確実に残ることから、後からその書面に記載された内容とは異なる説明をすることは難しくなるという点には留意が必

要であろう）。

　また、仮に行為または計算が事業上の必要性ないし合理的な事業目的に基づくものであることについて、課税当局側の理解を得られないような場合には、仮に税負担を減少させることを目的とした行為・計算であったとしても、当該行為・計算については、組織再編成に係る規定の本来の趣旨および目的から逸脱する態様でその適用を受けるものまたは免れるものではないという主張を行うべきであろう。その場合には、税理士や税務に精通した弁護士等の専門家の意見書なども活用も検討すべきである。当該主張については、調査担当者が納得しない場合でも、必ず、課税当局内において、法令の適用についての審査を行う審理部門の担当者によって、法令の趣旨・目的について慎重な検討が加えられることになり、審理部門からは納税者の考え方と同一の意見が出されることもあり得るのである。また、課税当局側として、仮に否認を行った場合に納税者が不服申立手続や訴訟に及ぶと予想される場合には、訴訟となった場合の担当部門である訟務部門からの意見も参考とする可能性もあり、そこでも慎重な検討が加えられる可能性がある。

　以上のとおり、仮に、課税当局によって法人税法132条の2の適用を念頭に置いたと想定される税務調査を受けた場合には、ヤフー・IDCF事件最高裁判決において示された濫用基準を念頭に、課税当局が問題意識をもっている行為・計算について、それが事業上の必要性ないし合理的な事業目的に基づくものであることを分かりやすく、かつ、粘り強く説明するとともに、場合によっては専門家の力を借りながら、組織再編税制に係る規定の趣旨・目的を逸脱するものではないということを合理的に説明することに努めることが必要となる。

法人税法132条の適用に関するQ&A

第3編第2章では、同族会社の行為計算否認規定である法人税法132条の適用を受けないようにするために考えられる実務的なポイントについて検討した上で、具体的にどのような場合に法人税法132条の適用が想定されるのか等の点について、Q&A形式で検討を加える。

法人税法132条の適用を避けるポイント

法人税法132条の適用を避けるための実務上のポイントは何か。

A11 第1編第3章において述べたとおり、法人税法132条の不当性要件については、IBM事件第一審判決、IBM事件控訴審判決においても、従来の判例を踏襲し、もっぱら経済的、実質的見地において当該行為または計算が純粋経済人として不合理、不自然なものと認められるか否かという基準に従って判断すべきものとの判断が示された。すなわち、法人税法132条の不当性要件については、経済的合理性基準に基づいて判断されるものであることがあらためて確認されたのである。しかしながら、IBM事件控訴審判決は、経済的合理性に関する解釈に関し、従来の判例においては明確に示されていなかった考え方として、経済的合理性を欠く場合には、独立当事者間の通常の取引とは行っている場合を含み、また、行為または計算が経済的合理性を欠くというためには、租税回避以外に正当な理由ないし事業目的が存在しないと認められることは必要ないと判示した。IBM事件については、上告不受理の決定によってIBM事件控訴審判決が確定したことから、IBM事件控訴審判決において示された経済的合理性についての基準が実務に対してどのような影響を及ぼすかが、今後の実務上のポイントとなると考えられる。

独立当事者間の通常の取引と異なっている場合に関しては、次のQ&Aで取り上げることとし、ここでは、法人税法132条の不当性要件について、租税回避以外に正当な理由ないし事業目的が存在しないと認められることは必要ないとのIBM控訴審判決の判示について検討する。

この点については、第2編第4章第5節**3**において述べたとおり、税負担を減少させること以外に正当な理由ないし事業目的が存在しないことの立証の困難性への配慮から、法人税法132条の不当性要件が充足されるために常に税負担を減少させること以外に正当な理由ないし事業目的が存在しないことが立証されることは必ずしも必要ないということを述べたものと解すべきであり、課税当局が法人税法132条の不当性要件の充足を検討するに際しては、やはり、税負担軽減目的の有無が重要な指標となるものと考えられる。すなわち、IBM事件控訴審判決を経てもなお、課税当局が法人税法132条の不当性要件を充足しているものと判断する上では、行為または計算が、事業上の必要性ないし合理的な事業目的に基づいて実行されたものではなく、税負担を減少させることを目的として行われたものであるとの認定ができるという点が重要なポイントとなるものと解せられるのである。

　したがって、法人税法132条の適用を避けるための最も重要なポイントは、IBM事件控訴審判決を受けても、やはり、同族会社において、事業上の必要性ないし事業目的に基づかない、税負担軽減を目的とした行為を実施しないということに尽きるであろう。

　なお、IBM事件に関して第2編第4章第2節において述べたとおり、課税当局の考え方として、一定の行為が実施された前後を通して、税負担が減少しているという以外に、経済的・実質的に変更された点がないものと認められるような場合には、税負担の軽減を目的とした当該行為が実施されたものと捉える傾向にあるものと認められる。現実に一定の行為が実施される前と実施された後で、税負担が大幅に減少しているにもかかわらず、当該税負担の減少という点を除いて経済的・実質的に何も変わっていないというような状況が認められるのであれば、課税当局が、当該行為は税負担軽減を目的としたものであると一応の推定をした上で調査を進めるということが必ずしも不合理とはいえないであろう。ただし、課税当局の

見方として一定の行為の前後で、経済的・実質的に変化がないように見えても、現実に事業を行っている企業の立場からは、事業上重要な意味をもつ行為であるという場合もあり得る。したがって、実務的に、一定の行為を経ることによって法人税の負担が減少している場合にはおいては、当該行為を経た結果として、当該企業に重要な意味のある変化が生じているということを説明できるようにしておくということが必要となってくるのである。

また、法人税法132条の適用を想定した税務調査が行われる場合には、納税者側としては、本編第１章Q10において述べたことの繰り返しにもなるが、課税当局の調査担当者あるいはその背後にいる審理部門等を念頭に、課税当局が問題意識をもっている行為・計算について、それが事業上の必要性ないし合理的な事業目的に基づくものであると納得できるわかりやすい材料を示すということが重要となる。

独立当事者間の通常の取引と異なる場合について

IBM事件控訴審判決は、独立当事者間の通常の取引と異なる場合には、経済的合理性を欠くとの判断を示したが、当該判示を受けて実務的に留意すべき事項は何か。

IBM事件控訴審判決は、法人税法132条の不当性要件に関して、経済的合理性を欠く場合には、独立当事者間の通常の取引と異なっている場合を含むとの解釈を示したが、第2編第4章第6節において述べたとおり、IBM事件控訴審判決における具体的なあてはめに関する判断を前提とすると、独立当事者間の通常の取引と異なるとの認定がなされる場合は、実務的にはきわめて限定的であり、事業上の必要性や合理的な事業目的に基づく取引であるとは到底認められないような一方当事者に一方的に有利な条件の取引であったり、あるいは、客観的に合理的な取引価額での取引でないことが明白であったりするような場合に限られるものと考えられる。したがって、実務的には、事業上の必要性や合理的な事業目的に基づいた行為または計算を行っている限りにおいては、独立当事者間の通常の取引と異なっているとして、法人税法132条の不当性要件に該当するものと判断される可能性は低いといえる。

また、同族会社がグループ間で実施する取引の取引価額が問題となるケースについても、それが一方当事者に有利な価額であることが明白であるか、あるいは、合理的な取引価額でないことが明白であるような場合でない限り、経済的合理性を欠くものとされる可能性は低いと考えられるのであって、常に、取引価額が独立当事者間の通常の取引価額と同一である

ことを裏付けることができる資料を作成しておく等が必要とされるわけではない。

　なお、取引価額が独立当事者間の通常の取引価額と異なるとして経済的合理性を欠くというケースにおいては、通常は、一方当事者から他方の当事者に対して、対価なくして一定の経済的利益が移転しているものと評価することが可能であり、その場合には、法人税法132条の適用の問題ではなく、不利な取引価額での取引に応じた側にとっては、寄付金該当性の問題(法人税法37条7項)として処理されることになり、有利な取引価額での取引を行った側にとっては受贈益課税(法人税法22条2項)の問題となるものと考えられる。

　この点については、資産の低額譲渡に関して、「譲渡時における適正な価額より低い対価をもってする資産の低額譲渡は、法人税法22条2項にいう有償による資産の譲渡に当たることはいうまでもないが、この場合にも、当該資産には譲渡時における適正な価額に相当する経済的価値が認められるのであって、たまたま現実に収受した対価がそのうちの一部のみであるからといって適正な価額との差額部分の収益が認識され得ないものとすれば……無償譲渡の場合との間の公平を欠くことになる。したがって、(法人税法22条2項の)趣旨からして、この場合の益金の額に算入すべき収益の額には、当該資産の譲渡の対価の額のほか、これと右資産の譲渡時における適正な価額との差額も含まれるものと解するのが相当である。このように解することは、同法37条7項が、資産の低額譲渡の場合に、当該譲渡の対価の額と当該資産の譲渡時における価額との差額のうち実質的に贈与をしたと認められる金額が寄付金の額に含まれるものとしていることとも対応するものである」と判示した最高裁判決[16]からも明らかである。

　上記判示の「適正な価額」が何を意味するのかは必ずしも明らかではない

---

[16] 最判平成7年12月19日民集49巻10号3121頁

が、多くの場合、独立当事者間の通常の取引価額と適正な価額は一致するものと解される。したがって、資産の低額譲渡、すなわち、独立当事者間の通常の取引価額よりも低い価額の資産の譲渡に関しては、譲受側は、実際の取引価額と適正な価額(独立当事者間の通常の取引価額)との差額を受贈益として認識して益金に計上し、譲渡側は、実際の取引価額と適正な価額(独立当事者間の通常の取引価額)との差額を寄付金として認識し、一定の限度額の範囲を超えた部分が損金不算入となることとなる(なお、完全支配関係がある会社間での取引については、いわゆるグループ法人税制により、受贈益は全額益金不算入となり、寄付金は全額損金不算入となる)。このような取扱いは、資産の譲渡のみならず、役務の提供も含めた取引全般に該当するものと考えられる。

　多数の子会社を有する法人が、事業再編成の一環として、子会社の株式強制消却を行い、会社法制定前の商法の規定に基づく限度額までの払戻金が親会社に支払われた事案で、その払戻金の金額が消却株式の適正な時価に比して低い場合、その時価と払戻額との差額が寄付金に当たるか否かが問題となった事案で、裁判所は、「(法人税法37条7項)所定の『寄付金』とは、民法上の贈与に限られるものではなく、『経済的にみて贈与と同視し得る金銭その他の資産の譲渡又は経済的な利益の供与』をいい、これは、金銭その他の資産又は経済的な利益を対価なく他に移転することであり、その行為について通常の経済的取引として是認することができる合理的な理由が存在しないものをいうと解するのが相当である」(傍点は筆者による)と判示した[17]。傍点を付した「その行為について通常の経済的取引として是認することができる合理的な理由が存在しないもの」が具体的にどのような場合であるのかは必ずしも明らかではないが、法人税法132条の不当性

17　東京高判平成26年6月12日訟月61巻2号394頁。最高裁で上告不受理となり、確定している。

要件の判断基準とである「専ら経済的、実質的見地において当該行為又は計算が純粋経済人として不合理、不自然なものと認められる」場合と多くの場合共通しているのではないかと考えられる。当該高裁判決の事案についての第一審判決においては、問題となった株式消却を伴う減資について「直接には本件各子会社の本件合併による消滅までの間のいわゆる税金対策を主たる目的とする」ものであったことに基づいて「通常の経済取引として是認できる合理的理由」の存在を否定しており、このような点からも、「その行為について通常の経済的取引として是認することができる合理的な理由が存在しないもの」と「専ら経済的、実質的見地において当該行為又は計算が純粋経済人として不合理、不自然なものと認められる」場合との共通性がうかがわれるのである。なお、第一審判決が、「いわゆる税金対策」、すなわち、税負担の減少を目的としていたことをもって、経済取引として是認できる合理的理由がないと判断したことは、経済的合理性の有無を判断する上で、その目的が税負担軽減目的であったか否かという点を重視するという考え方を示しているものと考えられ、経済的合理性基準の内容について検討する上で参考となるものではないかと考えられる。

　以上から、寄付金が認定されるための要件と、法人税法132条の不当性要件とは、経済的合理性を欠くという点で共通していることを上記高裁判決は明らかにしたものと解せられるのであり、とすれば、寄付金の認定が可能な場合には、包括的行為計算否認規定である法人税法132条が適用されるまでもなく、寄付金認定がなされることとなるものと解せられる。

　したがって、同族会社が、独立当事者間の通常の取引価額と異なる価額で取引を行ったとして経済的合理性を欠く場合、法人税法132条の適用の前に、寄付金および受贈益として課税当局による更正処分が行われるのが通常であり、このような点からも、独立当事者間の通常の取引と異なるとして、法人税法132条が適用される範囲は限定的なものとなると解せられるのである。

なお、法人税法132条を適用して寄付金を認定した事案もある[18]が、当該事案は、額面価額を大幅に超える金額を払い込んで子会社株式を取得した上で、当該子会社株式を他の会社に極めて低廉な対価で譲渡することにより譲渡損を生じさせた事案であり、新株の取得および同新株の低廉譲渡を一連の行為として捉えた上で経済的合理性の有無の判断を行っており、取引価額が適正を欠くか否かの点にとどまらない問題点があったことから法人税法132条が適用されたものと考えられるのであり、取引価額の点のみが問題となるケースでは、寄付金の認定を行えば足りるという考え方と必ずしも矛盾するものではないと解せられる。

---

[18] 東京地判平成12年11月30日訟月48巻11号2785頁（スリーエス事件）

Q13 法人税法132条の今後の射程

今後、法人税法132条が適用されるのはどのような場合だと想定されるか。

A13

法人税法132条が適用された事例についてみると、従来は、過大な役員報酬や役員退職給与の過大な部分の損金算入を否定した事例[19]や、役員の出張に同行した家族に支給した旅費を役員賞与と認定した事例[20]、役員への無利息融資につき利息を認定した事例[21]など、同族会社とその役員およびその親族との取引について適用される例が多かった。また、資産の低額譲渡につき時価との差額を益金に加算した事例[22]や資産の高価買入につき時価を超える部分の金額の贈与があったと認定した事例[23]など、取引価額の適正性を問題とする事例も多かった。

しかしながら、役員報酬については、損金算入が可能な役員報酬についての規定が置かれ(法人税法34条1項)、さらには、債務の免除益やその他の経済的な利益を含め、過大な役員報酬について損金算入を否定する明文の規定が置かれた(同条2項、3項および4項等)ことから、法人税法132条

---

[19] 東京地方判昭和33年12月23日行裁例集9巻12号2727頁、東京高判昭和34年11月17日行裁例集10巻12号2392頁、福岡高判昭和40年12月21日行裁例集16巻12号1942頁等。
[20] 高松地判昭和32年10月11日行裁例集8巻10号1823頁
[21] 東京高判昭和36年2月27日税資35号107頁
[22] 東京高判昭和46年10月29日行裁例集22巻10号1692頁等
[23] 東京地判昭和45年2月20日行裁例集21巻2号258頁

の適用によって否認する必要性はなくなったといえる。また。取引価額の適正性が問題となる場合については、本編第2章Q12において検討したとおり、法人税法22条2項ないし法人税法37条を直接適用することによって、受贈益ないし寄付金の認定を行うことが可能であり、法人税法132条の適用が必須とはいえないものと考えられる。

　最近においては、上記のような同族会社と役員等との間の取引が問題とされるケースや同族会社による取引における取引価額の適正(無償での取引を含む)が問題とされるケースにおいて法人税法132条が適用されるというのは、かなり限定的となっているように思われる。むしろ、IBM事件に代表されるように、同族会社が一定の行為を行うことによって、当該行為が行われる前に比較して法人税の負担が大きく減少している一方、当該行為の前後で同族会社の事業や所得に実質的な変化が生じていないというようなケースや、あるいは、同族会社が一定の行為を行うことによって、法人税法上税負担軽減につながるような規定の適用を受けることとなり、その結果、実質的な意味での所得が変わっていないにもかかわらず法人税法の負担が大きく減少するようなケースなど、課税当局として、課税の公平の観点から容認しがたいと認められる場合に、否認の根拠規定として法人税法132条が活用されているようにみえる。

　第2編第4章第7節においても述べたが、以前は、契約の実質的な解釈あるいは私法上の法律構成論といった考え方に基づいて否認していたとしてもおかしくないと思われるようなケースにおいても、最近は、法人税法132条が適用できる場合には法人税法132条を根拠として否認をしている傾向にあるように思われる。

　また、IBM事件において、自己株式の取得に伴うみなし配当および受取配当の益金不算入というような税務上の取扱いが法人税の負担減少の要因となったように、経済的・実質的には損失が生じていないにもかかわらず税務上のみ損金として認識され、あるいは、経済的・実質的には収益が

生じているにもかかわらず税務上は益金として計上されないというような場合があり得る。そして、そのような税務上の取扱いを利用して法人税の負担の減少を生じさせるようなケースにおいて、それが課税の公平という観点から容認できないと課税当局が判断し、かつ、法人税の負担が減少した主体が同族会社である場合に、法人税法132条の適用が問題とされるケースが生じていると考えられる。

　第2編第6章第3節で取り上げた事案については、法人税法132条が適用されたか否かは不明であるが、グループ内での融資においても利子が損金に算入されるということに伴い、法人税の負担の減少が生じている事案であり、税務上の取扱いが利用され、課税の公平という観点から容認できないものと課税当局において判断した事案であるとも考えられそうである。

　ところで、受取配当金の益金不算入のような税務上の取扱いは、同族会社についてのみ適用されるものではなく、非同族会社に対してもまったく同様に適用される。したがって、非同族会社が受取配当金の益金不算入制度をうまく利用して、法人税の負担を減少させることができた場合、それが経済的合理性を欠く行為によって行われたものであったとしても、法人税法132条を適用できないのに対し、同様の行為を同族会社が行った場合には法人税法132条が適用され、否認されるということが理論的には生じ得る。もちろん、同族会社は少数の株主によって支配されていることから、当該会社またはその関係者の税負担を不当に減少させるような行為や計算が行われやすいというのは経験則上明らかであると思われることから、法人税法132条の規定そのものが不合理ということは決してないであろう。しかしながら、経済的合理性を欠く行為を実施し、税務上の取扱いを利用して法人税の負担を減少させた場合に、同族会社が行った場合にのみ否認の対象となるとすれば、それは不合理といわざるを得ないであろう。非同族会社が、経済的合理性を欠く行為を実施し、税務上の取扱いを利用して法人税の負担を減少させた場合には、課税減免規定の限定解釈と

いった手法で否認することも考えられるが、いかなる場合に課税減免規定の限定解釈を行うことができるかはまったく明らかではなく、租税法律主義との関係でも問題が生じ得ることから、課税当局において、課税減免規定の適用による否認を行うにはハードルが高いように思われる。また、私法上の法律構成といった考え方に基づいて否認するというようなことも、現時点では考えにくいといわざるを得ない。

すなわち、実務的には、経済的合理性を欠く行為を実行し、税務上の取扱いを利用して法人税の負担を減少させた場合に、同族会社が行った場合にのみ法人税法132条による否認の対象となる可能性が生じるというのが実態なのではないかと思われるのである。

例えば、次のような例を考えてみよう（受取配当金の益金不算入を利用した税負担軽減の事例）。

① P社は、X1年にQ社の発行済み株式の全部100株を1億円（1株100万円）で取得した。このとき、Q社の資本金等の額は1億円であった。

② P社は、Q社の業績の立て直しに成功し、X6年に、R社のオファーに応じてQ社の経営から手を引くこととした。P社は、Q社の自己株式の取得に応じて、Q社株式50株を1億5,000万円（1株当たり300万円）でQ社に譲渡した後、R社に対してQ社株式50株を1億5,000万円（1株当たり300万円）で譲渡した。なお、P社がQ社の自己株式の取得に応じた時点でのQ社の資本金等の額は1億円であり、利益積立金等の額が2億円であった。また、Q社がP社から自己株式を取得した時の譲渡代金1億5,000万円はR社から融資を受けることによって調達したものであった。

③ この結果、P社は保有するQ社の株式はゼロとなり、R社がQ社の発行済み株式のすべてを保有することとなった。

④ 仮に、P社がR社に対してQ社株式100株を3億円で譲渡していたとすれば、P社には2億円の有価証券譲渡益が生じ、その全額が益金

に算入されることとなっていたと考えられる。実際には、Q社の自己株式の取得に応じて50株をQ社に対して譲渡したことから、P社に有価証券譲渡損益は発生せず、みなし配当1億円が発生するが、全額益金不算入となり、R社に対する50株の譲渡に伴う1億円の有価証券譲渡益のみが益金に算入される結果となった。

⑤ なお、同じ結果は、P社がR社にQ社の株式を譲渡する直前に、Q社が自己株式の取得を行うことに代えて、1億円の配当を実施することでも生じることとなる。

上記の事例を図示すると、**図表14**のとおりとなる。

この事案は、受取配当金の益金不算入制度を利用することで法人税の負担を減少させることができることを明らかにするために単純化したものであり、仮にP社が同族会社であったとしても、結論として、P社の行為が経済的合理的に欠けるとはいえず、法人税法132条の不当性要件を満たすことはないと解せられるであろう。

しかしながら、単純にP社がQ社の株式100株をR社に譲渡した場合であっても、あるいは、この事案のような方法が採られた場合であっても、最終的には、P社からR社にQ社の100％持分が移動しているという状況はまったく同一であり、P社がQ社株式の譲渡代金として3億円を取得していること、R社が3億円の支出を行っている点もまったく同一である（簿価3億円Q社株式を保有するのか、簿価1億5,000万円のQ社株式を保有し、Q社に対して1億5,000万円の貸付債権を有するかの違いはあるが、少なくとも3億円を支出しているという点では共通している）。すなわち、経済的・実質的に見れば、ほぼ同じ状態が生じることとなるにもかかわらず、採用する手法が異なることで、P社に法人税の負担の軽減が生じる場合と生じない場合の差が生じるのであり、課税当局において、全株式を譲渡する場合との間で課税の公平を欠くとの判断が生じる可能性がないとはいえない。仮に、P社に生じる税負担の軽減の効果が多額となれば、課税当局において

図表14 受取配当金の益金不算入を利用した事案の概要図

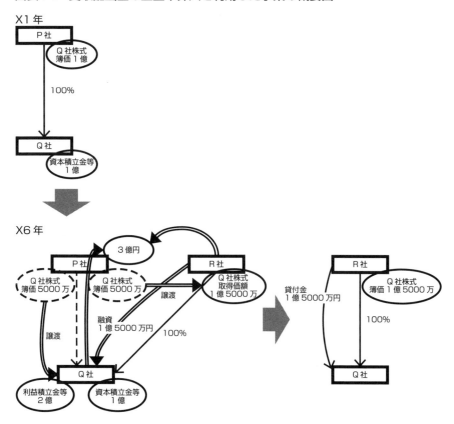

は、否認の方向での検討を行う可能性が生じるように思われる。

その場合に、仮に、P社が同族会社であったとすれば、P社は法人税法132条の適用対象法人となることから、P社がQ社の自社株の取得に応じてQ社株式50株をQ社に譲渡した行為、あるいは、Q社がR社から融資を受けてP社からQ社株式50株を取得し、その後、P社がR社に対して50株を譲渡した一連の行為は、法人税の負担を減少させることを目的とした行為であって、P社が保有するQ社株式100株を、現金を対価としてR社に譲渡する通常の取引に比較して不自然であるとして、法人税法132条の適

用が検討されることになるかもしれない。

　それに対して、Ｐ社が同族会社でない場合については、Ｐ社は法人税法132条の適用対象となることはないのであって、課税当局において、否認を検討する俎上にも上がらない可能性が高いと思われる。また、仮に否認することを検討するとしても、法人税法132条の適用ができない時点で、そのハードルはきわめて高いものとなるであろう(同族会社であるＱ社については、借入金が生じている点で支払利子の損金算入に伴う税負担の軽減が生じているといえなくもないが、内国法人であるＲ社において受取利子が益金に算入されることからすると、実質的な法人税の負担の減少は生じておらず、Ｑ社について、法人税法132条を適用するというのは無理であろう)。

　この事例は特殊なケースであり、税負担の減少という点を捨象しても、基本的にはＰ社の行為に経済的合理性が欠ける点は認められず、法人税法132条の不当性要件を充足しないと解せられ、実際にこのような事案に法人税法132条の適用が検討される可能性は低いと思われる。しかしながら、IBM事件のように、同族会社が一定の行為を行うことによって、当該行為が行われる前に比較して法人税の負担が大きく減少している一方、当該行為の前後で同族会社の事業や所得に実質的な変化が生じていないというようなケースについて、法人税法132条の適用がなされているという事実に鑑みると、非同族会社であっても同様な行為を行うことが可能であったか否かにかかわらず、法人税法132条の適用が問題となるケースが生じるのではないかと思われる。そのように同じ行為であっても、同族会社が行えば否認の対象となり得るというのは、課税の公平という観点からは不合理であると言わざるを得ない。

その他のQ&A

第3編第3章では、これまで検討した同族会社にかかる行為計算否認規定である法人税法132条および組織再編成にかかる行為計算否認規定である法人税法132条の2以外の行為計算否認規定について、その適用に関する実務上のポイントについて検討するとともに、今後の行為計算否認規定の適用について実務的な観点から考察を試みることとする。

Q14 連結法人に係る行為計算否認規定について

ヤフー・IDCF事件最高裁判決あるいはIBM事件控訴審判決等を受けて、連結法人に係る行為計算否認規定である法人税法132条の3の不当性要件については、どのように考えるべきか。また、法人税法132条の3の適用について実務上のポイントとして挙げられることは何か。

A14

平成14年度税制改正により連結納税制度が創設され、それに伴って、新たに連結法人に係る行為計算否認規定が設けられた。法人税法132条の3の「法人税の負担を不当に減少させる結果となると認められるものがあるとき」との文言は、同族会社の行為計算否認規定である法人税法132条および組織再編成に係る行為計算否認規定である法人税法132条の2の文言と共通しており、連結法人に係る行為計算否認規定である法人税法132条の3についても、不当性要件を満たすことがその適用の要件となる。

『改正税法のすべて(平成14年版)』[24]によれば、法人税法132条の3は、「連結納税制度の仕組みを利用したり、あるいは、単体納税制度と連結納税制度の違いを利用した租税回避行為が行われる可能性」があることを踏まえて制定されたものとされている。そして、「単体納税制度と連結納税制度の違いを利用した租税回避行為としては、含み損益や繰越欠損金を利用するもの」が考えられるところ、「これに対しては、連結納税の開始等に伴う時価評価資産の時価評価(法人税法61条の11、61条の12)や繰越欠損金

---

[24] 『改正税法のすべて(平成14年版)』(大蔵財務協会、2002) 370頁参照

の連結納税制度への持込みを認めないことといった個別の規定により一定程度その防止を図ることができる」が、「連結納税制度の仕組みを利用したり、あるいは、連結納税制度と単体納税制度の違いを利用した租税回避行為については、これらに止まらず、その行為の形態や方法が相当に多様なものとなると考えられることから、これに適正な課税を行うことができるように包括的な租税回避防止規定」が設けられたものと解される。

　連結法人に係る行為計算否認規定である法人税法132条の3については、上記のとおり、連結納税という制度を利用して、あるいは、連結納税制度と単体納税制度の違いを利用して、税負担を減少させる行為を防止するために制定されたものであり、組織再編税制を利用して税負担を減少させる行為を防止するために制定された組織再編成に係る行為計算否認規定である132条の2と、制度を利用した税負担軽減行為を念頭に置いているという点で共通している。また、同族会社の行為計算否認規定が、対象となる主体(少数の株主によって支配されているため、当該会社またはその関係者の税負担を不当に減少させる行為や計算が行われやすいという性質)に着目した規定であると解されるのに対して、組織再編成に係る行為計算否認規定も、連結法人に係る行為計算否認規定も、法人税に関する一定の制度(および当該制度を構成する個別規定)に着目した規定であるということもいえる。また、組織再編成を利用した行為としても、連結納税制度を利用した行為としても、含み損や繰越欠損金を利用した税負担軽減行為が想定されているという点でも、組織再編成に係る行為計算否認規定と連結法人に係る行為計算否認規定とは親和性が認められる。

　このような組織再編成に係る行為計算否認規定と連結法人に係る行為計算否認規定の共通性を考慮すると、連結法人に係る行為計算否認規定である法人税法132条の3の不当性要件の意義についても、基本的には、ヤフー・IDCF事件最高裁判決において示された組織再編成に係る行為計算否認規定である法人税法132条の2の不当性要件についての解釈が当ては

まるものと解される。

　これまでも繰り返し述べてきたとおり、ヤフー・IDCF事件最高裁判決は、不当性要件については、法人の行為または計算が組織再編税制に係る各規定を租税回避の手段として濫用することにより法人税の負担を減少させるものが該当し、濫用の有無の判断に当たっては、①当該法人の行為または計算が、通常は想定されない組織再編成の手順や方法に基づいたり、実態とは乖離した形式を作出したりするなど、不自然なものであるかどうか、②税負担の減少以外にそのような行為または計算を行うことの合理的な理由となる事業目的その他の事由が存在するかどうか等の事情を考慮した上で、当該行為または計算が、組織再編成を利用して税負担を減少させることを意図したものであって、組織再編税制に係る各規定の本来の趣旨および目的から逸脱する態様でその適用を受けるものまたは免れるものと認められるか否かの観点から判断するものとした。これを連結法人に係る行為計算否認規定に当てはめて考えると、法人税法132条の3の不当性要件については、「連結法人の行為又は計算が連結納税制度に係る各規定を租税回避の手段として濫用することにより法人税の負担を減少させるものが該当し、濫用の有無の判断に当たっては、①当該連結法人の行為又は計算が、通常は想定されない手順や方法に基づくものであったり、実態とは乖離した形式を作出したりするなど、不自然なものであるかどうか、②税負担の減少以外にそのような行為又は計算を行うことの合理的な理由となる事業目的その他の事由が存在するかどうか等の事情を考慮した上で、当該連結法人の行為又は計算が、連結納税制度を利用して税負担を減少させることを意図したものであって、連結納税制度に係る各規定の本来の趣旨及び目的から逸脱する態様でその適用を受けるもの又は免れるものと認められるか否かの観点から判断する」ということになろう。

　したがって、法人税法132条の3の不当性要件の該当性については、まずは、連結法人の行為または計算が、税負担を減少させることを目的とし

たものか否かという点が問題となり、連結法人の行為または計算が、事業上の必要性ないし合理的な事業目的に基づくものであって、税負担を減少させることを目的としたものではないと認められる場合には、法人税法132条の３の不当性要件を満たさないということになるであろう。そして、仮に、連結法人の行為または計算が税負担を減少させることを目的としたものであったとしても、それが連結納税制度に係る各規定の本来の趣旨および目的から逸脱する態様でその適用を受けるものまたは免れるものと認められない場合には、法人税法132条の３の不当性要件には該当しない。したがって、例えば、多額の利益を毎年計上しており、将来的にも黒字が続くことが予想される親会社が、毎年のように赤字を計上しており、今後も赤字を計上することが予想される100％子会社を保有している場合に、連結納税を採用して、親会社の利益と子会社の損失を相殺することで法人税の負担の減少を図ることは、仮に、税負担の減少以外に事業上の必要性や合理的な事業目的が存在しない場合であったとしても（そもそも、連結納税を採用するか、単体納税を続けるかの選択に関して、税負担の点以外の事業上の必要性や合理的な事業目的を想定すること自体困難であろう）、企業グループを一体として扱うという連結納税制度の趣旨・目的に何ら反するものではなく、濫用基準に該当しないことは明らかであって、法人税法132条の３の不当性要件を満たさないこととなる。

　ところで、IBM事件においては、IBMAPが、日本IBMによる自己株式の取得に応じて行った日本IBM株式の譲渡によって生じた有価証券譲渡損失に基づく多額の繰越欠損金を有する状態で連結納税を開始し、子会社である日本IBMの利益と繰越欠損金とが相殺されることで、法人税の負担が減少しているものであり、IBM事件について、連結法人の行為計算否認規定である法人税法132条の３を適用して否認することができなかったのかという疑問が生ずる。

　この点については、法人税法132条の３の適用対象となるのは、「連結法

人の行為又は計算」とされているところ、本件各譲渡により有価証券譲渡損失が生じた時点でIBMAPは連結法人ではなく、課税当局が不当性要件を満たす行為として主張する「本件一連の行為」を行ったのは、連結法人ではないこと、その他連結法人の行為として不当性要件を充足する行為を見い出すことができなかったことが要因となっているのではないかと思われる。なお、連結納税については国税庁長官の承認が必要とされており、「法人税の負担を不当に減少させる結果となると認められる」場合には、連結納税の申請を却下することができるものとされており(法人税法4条の3・2項3号ニ)、この場合には、条文上、法人税の負担を不当に減少させる結果となる行為または計算は限定されていない。したがって、IBM事件のケースでも、法人税法132条の3の適用は難しいとしても、連結納税の承認申請に際して、法人税の負担を不当に減少させる結果となると認められるものとして、申請を却下することは可能ではなかったと思われる。

　ところで、連結納税制度を利用した税負担軽減行為としては、含み損益や繰越欠損金を利用するものが考えられるところ、通常は、単体納税を行っている時点で含み損益は作られ、あるいは、繰越欠損金を生じさせる損失についても単体納税を行っている時点で作られるのが一般的であり、単体納税を行っている時点で作られた含み損益や繰越欠損金を連結納税に持ち込むことで税負担を減少させることが想定される。その場合、連結法人の行為又は計算としては、子会社の含み損益や親会社の繰越欠損金等を連結納税制度に係る法人税法上の規定に基づいて処理するという以外にはなく、そのような連結法人の行為または計算は法令に従った処理であることから、それをとらえて法人税の負担を減少させることを目的とした行為または計算であると認定するのは難しいと思われる。

　したがって、実際のところ、連結納税制度を利用して税負担を減少させるケースについては、連結納税を適用する以前の単体納税を行っている時点での行為が問題となるケースが多いと思われるのであり、それに対して

は、法人税法132条の３は適用できず、必要な場合には連結納税の申請を却下するということで対応することになると解される。

　また、連結納税を開始した以降に、連結親法人の利益と相殺するために、連結子法人において事業上の必要性のない行為を行ってあえて損失を計上するというようなことも考えられなくはないが、そのような行為については、法人税法132条の３の適用が問題となる以前に、当該損失計上のための行為そのものについての否認が問題となるものと考えられ、逆に当該損失計上のための行為そのものについて否認の対象とできないのであれば、当該損失を連結納税に取り込むことが、連結納税制度に係る規定の趣旨・目的に反するともいえないのではないかと解される。

　そうすると、結局のところ、実務において、法人税法132条の３が適用される場合というのはなかなか想定しがたいというのが現実ではないかと考えられる。平成14年度税制改正により連結納税制度が創設されて以降、報道等も含めて公表されている中で、連結法人に係る行為計算否認規定である法人税法132条の３が適用されたという事例は見当たらないが、そのことからも、実務的に法人税法132条の３が適用される場合というのが想定し難いことを裏付けているのではないだろうか。

　すなわち、実務的には、連結納税を利用した税負担軽減行為については、連結法人に係る行為計算否認規定である法人税法132条の３が問題となることは通常は想定しがたく、むしろ、連結納税承認の時点で、承認が却下されるということが問題となる可能性のほうが高いのではないだろうか。

Q15 恒久的施設帰属所得に係る行為計算否認規定

　平成26年度税制改正により、外国法人に対する課税原則について、従来の総合主義が廃止され、帰属主義が採用されたが、それに伴って、恒久的施設帰属所得に係る行為計算否認規定が創設された(法人税法147条の2)。恒久的施設帰属所得に係る行為計算否認規定である法人税法147条の2においても、「法人税の負担を不当に減少させる結果となると認められるものがあるとき」を適用の要件としており、その文言は、法人税法132条、同132条の2、同132条の3と共通である。恒久的施設帰属所得に係る行為計算否認規定である法人税法147条の2の不当性要件については、どのように考えるべきか。

A15
　国内に恒久的施設を有する外国法人に対する課税については、従来は、わが国に恒久的施設を有する外国法人に対してすべての国内源泉所得を対象として課税を行うという総合主義が採られていたが、平成26年度税制改正により、国内源泉所得のうち恒久的施設に帰せられ、またはそれと実質的な関連を有するものについてのみ、課税の対象となる帰属主義へと変更された。

　また、恒久的施設帰属所得とは、外国法人が恒久的施設を通じて事業を行う場合において、当該恒久的施設が当該外国法人から独立して事業を行う事業者であるとしたならば、当該恒久的施設が果たす機能、当該恒久的施設において使用する資産、当該恒久的施設と当該外国法人の本店等との間の内部取引その他の状況を勘案して、当該恒久的施設に帰せられるべき所得をいうものとされた。恒久的施設を独立の事業者とみなして、本店等

との間の内部取引についても損益を認識するものとされ、本店等との内部取引に係る対価の額が独立企業間価格と異なる場合には、移転価格税制が適用されることとなった(租税特別措置法66条の4の3)。

　そして、このような総合主義から帰属主義への変更と合わせて、恒久的施設帰属所得に係る行為計算否認規定が、法人税法147条の2として創設されたのであり、同条は、外国法人の行為または計算を対象として、「恒久的施設帰属所得に係る所得の金額から控除する金額の増加」、「恒久的施設帰属所得に係る所得に対する法人税の額から控除する金額の増加」、「内部取引に係る利益の額の減少又は損失の額の増加」、「その他の事由」により、法人税の負担を不当に減少させる結果となると認められるものがあることを、適用の要件として規定している。

　『改正税法のすべて(平成26年版)』[25]によれば、恒久的帰属所得に係る行為計算否認規定を創設した趣旨について、「外国法人の恒久的施設帰属所得に係る所得に対する課税に関しては、恒久的施設と本店等の同一法人内部で機能、資産、リスクの帰属を人偽的に操作して恒久的施設帰属所得やその税額を調整することが比較的容易であることから、同族会社と同様に、潜在的に租税回避リスクが高いものであると考えられるため、同族会社の行為計算否認規定に類似した租税回避防止規定が設けられ」たとしている。

　すなわち、法人税法147条の2は、組織再編成に係る行為計算否認規定である法人税法132条の2のように、組織再編税制のような制度に着目し、当該制度を利用した税負担軽減行為を防止するということではなく、むしろ、同族会社の行為計算否認規定である法人税法132条が、少数の株主によって支配されている同族会社においては、当該会社やその関係者の税負担を不当に減少させるような行為や計算が行われやすいという主体の性質

---

[25] 『改正税法のすべて(平成26年版)』(大蔵財務協会、2014) 750頁参照

に着目したのと同様、外国法人の恒久的施設という対象の性質に着目して定められた規定であると解せられる。すなわち、外国法人の恒久的施設は、外国法人の支店等であって、外国法人の内部組織であるから、外国法人の意思によって、恒久的施設に帰属する所得の額を減少させるための行為や計算が容易に実行され得るという主体の性質に着目して、法人税法147条の2が創設されたものと考えられるのである。

したがって、ヤフー・IDCF事件最高裁判決において示された組織再編成に係る行為計算否認規定である法人税法132条の2の不当性要件についての解釈は、恒久的施設に係る行為計算否認規定である法人税法147条の2の不当性要件には当てはまらず、むしろ、同族会社の行為計算否認規定である法人税法132条について従来の判例が採ってきた経済的合理性基準が、法人税法147条の2の不当性要件についても参考とされるべきということになろう。

しかしながら、恒久的施設の内部取引については、移転価格税制が適用されることからすると、内部取引を利用して税負担を減少させた場合、基本的には移転価格税制によって是正がなされるはずであり、内部取引に関して、法人税法147条の2を適用する余地がそれほど大きいようには思えない。また、『改正税法のすべて』で言及されている「恒久的施設と本店等の同一法人内部で機能、資産、リスクの帰属を人偽的に操作して恒久的施設帰属所得やその税額を調整する」という点については、必ずしも恒久的施設についてのみ問題となるものではなく、いわゆる国外関連者との取引においても同様の問題は生じるのであって、外国法人の恒久的施設についてのみ、行為計算否認規定が適用されるというのは合理的とはいえないように思える。また、機能、資産、リスクを本店等に移転することを「偽装」した場合には、法人税法147条の2を適用するまでもなく、移転価格税制を適用することによって対応可能であろうと思われるし、機能、資産、リスクを本店等に現実に移転したとすれば、当該機能、資産、リスクに応

じて恒久的施設帰属所得を計算すべきであって、法人税法147条の2が適用される余地は乏しいようにも思える(機能、資産、リスクを移転するにあたっての対価が問題となるものの、それについても、移転価格税制の問題となるであろう)。

　法人税法147条の2の不当性要件については、どのように解釈すべきか必ずしも明らかではないが、基本的には、同族会社に係る行為計算否認規定である法人税法132条と同様、経済的合理性を欠く場合に不当性要件を充足するものと考えるべきであろう。ただし、恒久的施設帰属所得については、税負担を減少させるために利用されることが最も想定される内部取引に関して、移転価格税制が適用されることから、法人税法147条の2が適用されるケースというのは、実際にはきわめて例外的なケースであるように解せられるのである。

Q16 行為計算否認規定の今後

企業を取り巻く環境の変化等を踏まえると、今後、行為計算否認規定は、どのような場面で使われるようになっていくことが考えられるか。

A16

近年、いわゆる多国籍企業によるきわめてアグレッシブなタックス・プランニングにより、税負担を大幅に減少させる行為が問題となり、それに対して大きな批判を生み出した。また、それを受けて国際的な税源浸食と利益移転への対応として、いわゆるBEPSの議論がOECDを舞台として行われ、2015年10月にはBEPS最終報告書が公表されている。

すなわち、たとえそれが違法とまではいえないとしても、税に関する種々の制度や規定を利用して法人税法の負担を減少させる行為に対しては、社会的にきわめて厳しい目が注がれることとなっているのであり、法令等に違反していない以上、企業にとってもコストである税負担を減少させる行為を行うことは何ら問題のない行為であるとは言いがたい状況が生じているのである。

わが国においても、国税庁において税務に関するコーポレートガバナンスの充実に向けて積極的な取組みを進めており、各企業においても税務コンプライアンスということが意識されるようになってきている。近年、企業経営においてコンプライアンスということが重要視されるようになってきていることは周知のとおりであり、その一環として税務コンプライアンスへの意識も高まってきているのである。

その一方で、日本企業の国際的な競争力の強化や外国企業の日本への誘

致に向けて、近年日本の法人税の税率が大きく引き下げられてきており、企業の国内における税の負担感、重税感が減少しているという状況にある。

　このような日本の企業を取り巻く環境の変化を受けて、日本の企業においては、税務コンプライアンスに関連したレピュテーションリスクを冒してまで、税負担を減少させることを目的として、事業上の必要性や合理的な事業目的のない行為を実施するということは、割に合わないというような感覚が生じてきているように感じられる。したがって、組織再編成等を利用して税負担を減少させようというような発想よりも、むしろ、税務コンプライアンスを重視し、適正な額の税負担を受け入れて、課税当局によって疑義を呈される可能性のあるような税負担減少のための行為はできる限り避けるという方向にあるように思われるのである。したがって、日本の企業、少なくとも、コンプライアス上の問題が発覚することによって経営に悪影響が及ぶ可能性がある企業については、同族会社の行為計算否認規定である法人税法132条や組織再編成に係る行為計算否認規定である法人税法132条の２の適用が問題となり得るような行為または計算は実施しないという傾向にあると考えられるのである。そのような企業行動は、課税当局により税務コンプライアンスの意識が高い企業と認められることによって税務調査等の負担を減らすことができるようになってきているということに照らして、合理的なものといえるであろう。

　もちろん企業によっては、経営上のコストである税負担を減少させることによって、税引き後のROEを向上させることを目指す場合もあるであろうが、その場合であっても、いわゆる課税減免規定について、その趣旨に沿った適用を受けるなど、行為計算否認規定の適用の可能性が生じる余地のない場面でのタックス・プランニングが中心となるであろう。

　したがって、今後は、大企業が、巨額の税負担減少を目指して、行為計算否認規定の対象となり得るような行為・計算を実施するというような

ケースではそれほど生じないのではないかと予測される。それに代わって、いわゆる非上場のオーナー企業において、何らかの課税減免につながるような規定（例えば、前述した受取配当金の益金不算入の規定）を利用したり、あるいは、グループ法人税制のような一定の税制度を利用したり、あるいはその適用を免れるなどして税負担の軽減を図るような事案、さらには組織再編成を利用して税負担の軽減を図るような事案に対して、行為計算否認規定である法人税法132条、あるいは法人税法132条の2が適用されるケースが生じてくるのではないだろうか。

さらには、相続税の負担を減少させるためのプランニングの中で、組織再編成を利用したり、あるいは、同族会社との取引を実施したりする等のケースに対して、法人税法132条や法人税法132条の2の適用が問題となってくるケースが生じてくる可能性も考えられる。そのようなケースにおいては、最終的に相続税等の税負担を減少させることを目的としたタックス・プランニングとしてあらかじめ計画されたスキームとして実施される中で、法人税の負担についても減少するという場合、税負担の減少を目的とした事業上の必要性ないし合理的な事業目的のない行為・計算であると認定されるのか否かが問題となるであろう。

■索 引

【あ 行】

一連の行為の経済的合理性　183
移転資産に対する支配　24
　　──の継続　31
受取配当金の益金不算入　263

【か 行】

ガイダント事件　143
概要図　12、55
各譲渡　53
各譲渡事業年度　53
課税関係　53
課税当局による否認　55
課税当局の考え方　124
課税当局の視点　180
課税当局の主張　80、112、134
課税当局の反論　118
課税当局の見方　111
課税当局側の主張のポイント　114
過大利子支払の事案　172
株式継続保有要件　214
株式購入　53
完全支配関係継続見込要件　24、35
共同事業要件　214
金銭不交付要件　214
金融仲介機能　59
具体的なあてはめ　32、35、58、66
繰越欠損金の引継ぎ　12
繰越欠損金の利用　169
経済的合理性　183
経済的合理性基準　48
経済的・実質的な変更がないこと　168
欠損金取込み事案　161

現金交付合併と子会社化後の合併　236
検討　137
行為・計算が不自然な場合　87
行為計算否認規定　266
　　──の今後　276
恒久的施設帰属所得　272
航空機リース事案　143
更正処分等　12

【さ 行】

最高裁判決が理解する事件の構図　77
事業の相互関連性要件　12
事業関連性要件　214
事業規模等要件　214
事業継続要件　214
事業目的　101
事業目的がないこと　101
事業目的について　156
自己株式の取得　53
資産調整勘定　235
　　──の計上　12
資産調整勘定取崩　13
実務上のポイント　82、188
実務上問題となる場合　86
従業者の引継ぎの状況　226
従業者継続従事要件　225
従業者引継要件　214
趣旨・目的基準　48
事例から導かれる実務的な視点　92
新設分割　11
スキームとして認定されるケース　196
スキームの概要　149
税源浸食と利益移転　156
税負担軽減のための行為・計算　199

税負担軽減の目的　131
税負担軽減を目的とする行為　7
税負担軽減目的の組織再編成　79、197
税務コンプライアンス　276
税務調査　238、243
節税スキーム　155
前提事実　10、52
増資　53
組織再編後完全支配関連継続要件　225
組織再編成　87
組織再編成に係る提案　10
組織再編成事案　148
組織再編成手法の選択　234
組織再編税制　37
　　——の基本的な考え方　38
租税回避　6
租税法律主義　47

【た　行】

タックス・プランニング　276
チェック・ザ・ボックス規則　53
中間持株会社　112
デット・プッシュダウン　172
適格合併　236
適格組織再編成　39
　　——の要件　223
適格外し　25
適格要件を満たすための行為　214
適用を避けるポイント　194
当事者間の完全支配関係　25
特定役員引継要件　12、31
　　——の趣旨　20
独立当事者間の通常の取引と異なる場合　134、253

【な　行】

日本再編プロジェクト　52

日本IBMによる自己株式の取得　53
日本IBM株式の取得　53
納税者の主張に対する反論　16
納税者側の主張　98、118

【は　行】

パチンコチェーンの組織再編成事案　148
パッケージ型　196
引き直し　189
非適格合併　236
非適格組織再編成　38
否認についての考え方の変化　142
プロモーター　196
不合理・不自然　28
負債調整勘定　235
不当性要件　5
　　——の意義　15、57
　　——の意義についての考察　43
　　——の解釈　72
　　——の該当性　152
不当性要件についての解釈　15、28、57、64
不当性要件へのあてはめ　20、24、31、35
不当性要件への疑問　96
米国IBM　52
米国WT　52
法人税法の負担を減少させる　7
法人税法132条の今後の射程　258
法人税法132条の適用　179
法人税法132条の射程　185
法人税法132条の2の適用　177、238、243
法人税法132条1項　72
本スキーム概要図　151
本件一連の行為　58

【ま 行】

みなし共同事業要件　20
未処理欠損金の取込み　201
未処理欠損金取込みの概要図　203
無対価合併　236

【や 行】

ヤフーによるIDCSの合併　11
ヤフー・IDCF事件にかかる事案の概要　10
ヤフー・IDCF事件概要図　14
ヤフー・IDCF事件控訴審判決　28、43
ヤフー・IDCF事件最高裁判決　37
ヤフー・IDCF事件第一審判決　15
ヤフー事件　4
ヤフー事件における具体的なあてはめ　22
ヤフー事件控訴審判決　4
ヤフー事件最高裁判決　4
　――のあてはめ　40
融資　53

【ら 行】

濫用基準　48
濫用基準についての考え方　84
立証上の困難性　101
レピュテーションリスク　277
連結納税申請　54
連結法人に係る行為計算否認規定　266

【英数字】

APSC　52
BEPSプロジェクト　156
BEPS最終報告書　276
DTI　52
ET事案　161
ET事案概要図　163
ET事案組織再編成前後の比較　169
IBM事件　4
IBM事件にかかる事案の概要　52
IBM事件についての検討　111
IBM事件控訴審判決　64、72
　――の判断　135
IBM事件最高裁決定　4、71
IBM事件組織再編概要図　56
IBM事件第一審判決　57
IBMAP　4、53
　――の中間持株会社化　114
　――の連結確定申告等　54
IDCF株式の譲渡　11
IDCF事件　5
IDCF事件における具体的なあてはめ　25
IDCF事件控訴審判決　5
IDCF事件最高裁判決　5
　――のあてはめ　41
IDCS株式の譲渡　11
IDCS株式の譲渡等の提案　10
IDCS取締役副社長就任　11
UM事案　172
UM事案一連の行為　181
UM事案一連の行為前後の比較　182
UM事案概要図　175
YSC　52
5年経過後の未処理欠損金取込み　207

■執筆者紹介

入谷 淳（いりたに・あつし）

弁護士・公認会計士
昭和63年3月、京都大学法学部卒業。平成19年9月、弁護士登録。平成10～19年、検事として各地方検察庁等で勤務。平成21～24年、東京国税局調査第一部で勤務。
【主著】『組織再編 包括的否認規定の実務解釈』（中央経済社、平成25年6月）ほか

租税回避をめぐる税務リスク対策
行為計算否認に備えた実務対応について

2017年2月1日　発行

著　者	入谷 淳 ⓒ
発行者	小泉 定裕
発行所	株式会社 清文社 　東京都千代田区内神田1－6－6（MIFビル） 〒101-0047　電話03(6273)7946　FAX03(3518)0299 大阪市北区天神橋2丁目北2－6（大和南森町ビル） 〒530-0041　電話06(6135)4050　FAX06(6135)4059 URL http://www.skattsei.co.jp/

印刷：奥村印刷㈱

■著作権法により無断複写複製は禁止されています。落丁本・乱丁本はお取り替えします。
■本書の内容に関するお問い合わせは編集部までFAX(03-3518-8864)でお願いします。

ISBN978-4-433-63326-4